ROWOHLT
BERLIN

Unda Hörner

Elsa Triolet und
Louis Aragon

«Die Liebenden des Jahrhunderts»

Rowohlt · Berlin

PAARE Herausgegeben von Claudia Schmölders

Für Birgit und Holger

1. Auflage März 1998
Copyright © 1998 by
Rowohlt · Berlin Verlag GmbH, Berlin
Alle Rechte vorbehalten
Umschlaggestaltung Walter Hellmann
(Foto Benichou)
Satz Berling PostScript Quark XPress 3.32
Gesamtherstellung Clausen & Bosse, Leck
Printed in Germany
ISBN 3 87134 316 1

Inhalt

«Der Blick der Liebenden schafft zwischen beiden Polen eines Paares eine Zone, in der die Aufmerksamkeit sich sammelt und die Persönlichkeiten sich entwirren. Dort, wo das Licht des Begehrens sich vom Rot des Deliriums zum Violett des Bewußtseins zersetzt, geschieht unwillkürlich das Wunder der Sinne. Dann, dann ... aber nehmen wir nichts vorweg.»

Aragon 1928

Frühlingstage im November

«Es war in Paris ... Das Zimmer lag am Ende eines langen, dunklen Ganges. In einer Ecke ein Bett und ein Nachtschrank. Neben dem Kamin ein abgewetzter Sessel, vor dem Fenster ein Tischchen. Ein ausgefranster Teppich. Vom Zimmer aus kam man in eine Waschecke. Das Marmorbecken stammte aus archaischen Zeiten, wie aus einer alten Zugtoilette. Es war ständig verstopft: Das Wasser floß nicht ab. Ich stocherte mit einer Haarnadel lange darin herum; übler Gestank stieg auf.» So eine Passage aus einem frühen Roman Elsa Triolets, und so ein Lebensgefühl, das sie damals mit vielen anderen teilte.

Die französische Hauptstadt erlebte in den zwanziger Jahren einen Ansturm von Fremden und wurde zu einem Schmelztiegel für Neuankömmlinge aus Ost und West. Wer jetzt in Paris ein freistehendes Zimmer zu vergeben hatte, konnte ein gutes Geschäft machen, selbst mit dem kargsten Kabuff. Vom günstigen Dollarkurs und ungestraftem Alkoholgenuß angelockte Amerikaner mieteten sich als Dauergäste in teuren Hotels ein. Sie frönten den Vergnügungen auf dem Montmartre und in Montparnasse, dem Stadtviertel, das eine wahre Gründerzeit erlebte: Cafés, Theater und Galerien schossen wie Pilze aus dem Boden. Adlige Russen, die ihre Schätze vor der Oktoberrevolution gerettet hatten, ließen sich von ihren verarmten Landsleuten, die vom Taxifahren lebten, in renommierte Restaurants chauffieren, um dort nach alter Gewohnheit fürstlich zu tafeln. Wie ein jäher Windstoß trugen die Wechselfälle der Geschichte halbe Völker von einem Ort zum anderen und gaben Lebensläufen eine unvorhergesehene Richtung. «Wenn eine Reisende sich im Leben einer Stadt wiederfindet, das bestimmten Gesetzmäßigkeiten gehorcht, ist alles Geheimnis für sie. Sie weiß nicht, wie man telefoniert, Metro fährt, erkennt die Briefkästen nicht, weil sie in ihrer Heimat anders aussehen, und weiß nicht, wo man Zigaretten kaufen kann.» Emigranten, unterwegs mit einem Koffer, untergekommen auf den wenigen Quadratmetern eines möblierten Zimmers, mußten sich nicht nur in einem neuen Straßennetz zurechtfinden, sondern ihr gesamtes Leben neu überdenken.

Elsa Triolet, geborene Brik, ist weder reich noch arm, kommt aus Moskau, ist geflohen vor dem beschwerlichen Alltag in der vom Bürgerkrieg gebeutelten Sowjetunion, der stundenlangen «Suche nach zwei Karotten zum Preis eines Parfums». Ihr Zimmer ist hellhörig und angefüllt mit dem Gezänk und Gestöhn fremder Leute, das durch die Wände dringt. Sie ist allein, nur in Begleitung von Büchern in kyrillischer Schrift und Photos ihrer Weggefährten: die Schwester Lilja, den Herzensfreund und großen Dichter Wladimir Majakowskij. In einer Mappe liegen einige Aquarelle mit Meer und Palmen, von Elsa gemalt, Erinnerungen an ihre Ehe mit dem französischen Offizier André Triolet, mit dem sie auf Tahiti gelebt hat. Aus dieser Episode behielt sie nur den Nachnamen: Triolet, ein Name, «der einen musikalischen Terminus, ein Kraut und eine poetische Form bedeutet».

Jetzt ist Elsa auf sich gestellt, eine Fremde in der Lichterstadt Paris, die sie so magnetisiert hatte, aber was tut sie dort? Ihr Leben verstreicht ohne Perspektive. Das quält sie, aber wie soll sie es ändern? Nach Moskau will sie keinesfalls zurück, aber auch in keiner der anderen Städte, in denen sie bereits gelebt hat – Papeete, Berlin, London –, hatte sie bleiben wollen. Nichts und niemand hält sie irgendwo. Keiner fragt nach ihr. «Manchmal erwachte ich aus meinem Dornröschenschlaf: wenn Majakowskij nach Paris kam. Mit ihm

Elsa Triolet Mitte der zwanziger Jahre in Paris. Über fehlende Gesellschaft konnte sie sich wirklich nicht beklagen.

kehrten meine Jugend, mein Land und meine Sprache zu mir zurück.» Die Anwesenheit des Vertrauten führt Elsa immer wieder schmerzhaft vor Augen, wie einsam sie eigentlich ist. Die meisten Freunde haben die Sowjetunion verlassen und sind in aller Herren Länder verstreut. Sie ist eine geschiedene, alleinstehende Frau Mitte Dreißig, lebt von Unterhaltszahlungen ihres Mannes und Honoraren für Artikel, die sie hin und wieder für Moskauer Zeitungen schreibt. Die Trostlosigkeit der Fremdenzimmer hält ihr den Spiegel vor: Ihr Leben ist reduziert auf ein Bett zum Schlafen, ein Lavabo für die Katzenwäsche und einen Tisch mit wenigen privaten Dingen. Die Karotten sind zwar bezahlbar, aber auf welchem Herd hätte sie die jetzt kochen sollen? Die Zimmerwirtinnen ahnden bereits Baguettekrümel auf dem Teppich. Wenn Elsa den Argwohn und die Tyrannei der fremden Leute nicht mehr erträgt, wechselt sie die Adresse, aber nirgends ist sie zu Hause.

Einmal findet sie direkt an der Metrostation Ternes, einem großbürgerlichen Viertel, eine Bleibe: «Die beiden Vermieter, alt und elend, gingen in Hausschuhen herum und schneuzten sich. Der graue Schnurrbart des Vermieters war ständig feucht; um den Hals trug er einen Wollschal. Die Wohnung schien irgendwo in einem Land im Norden zu liegen, in einem Land mit Nebel, Regen und Erkältungen.» Wenn Elsa den Mund auftut, verrät sie ihre Herkunft sofort durch das hartgerollte R, man hält sie für eine sowjetische Spionin. Dabei lebt sie längst mit dem Gefühl, ihre Nationalität verloren zu haben. «Sie hatte nichts, woran sie sich halten konnte, um sich zu beweisen, daß sie wirklich existierte.» Aber nein: 1925 hat sie in Moskau einen Roman veröffentlicht, «Camouflage». Die Hauptfigur Varvara ist Elsas Doppelgängerin. «Varvara hatte jede Menge Freunde, doch war sie einsam wie der Obelisk auf der Place de la Concorde.» Dabei kann sich die wirkliche Elsa über fehlende Gesellschaft nicht beklagen! Sie verkehrt in einer kosmopolitischen Künstlerkolonie, geht mit Roger Vitrac, Franz Hellens und Fernand Léger aus, bekommt Besuch von Ilja Ehrenburg, hat den jungen Literaten Roland Tual kennengelernt. Das Karussell der Verabredungen dreht sich flott im Kreis, aber ohne Ziel. Elsa macht sich schön für den Abend, doch der Abend ist kein Herr, sondern immer wieder nur die vage Hoffnung auf ein Abenteuer. «Sie träumte von der Liebe wie ein Lahmer von Krücken. Sie war sich sicher, daß ihr nur das Träumen blieb.» Noch ein Glas Wein, noch ein Arm, der sie bis vor die Tür begleitet, dann steht sie wieder im Zimmer vor dem Spiegel, schminkt sich ab. Am nächsten Tag sind die Lippen wieder rot. Das Gesellschaftsspiel kann endlos fortgesetzt werden. «Doch war sie nicht imstande, sich einen lebendigen Zeugen ihres Lebens vorzustellen. Sie lebte wie eine Frau, die von keinem geliebt wird, dabei ist sogar die Liebe eines Mannes, den man nicht liebt und die man nur vollziehen muß, ein Jungbrunnen für die Frau.»

Selbst in besten Freundschaften bleibt ein Rest Unverbindlichkeit. Es gibt niemanden für einen gemeinsamen Weg – doch Elsa weiß selbst nicht, wo sie den Anker ihres Lebensschiffs auswerfen soll. Sie ist frei wie ein Vogel und fühlt sich zugleich allem und jedem ausgeliefert. Wie ihre Romanheldin glaubt sie, «daß sie weder Eltern noch Familie hatte, weder ein Haus noch Meinungen, weder Geld noch Beruf, nichts, was als Band zwischen ihr und anderen Leuten hätte dienen können». Sie fühlte sich «an den Rand gestellt, wo Fehler angestrichen werden. Und sie ist tatsächlich ein Fehler. Die Liebe hätte ihr zu Hilfe kommen können, doch sie war ohne Liebe. Oder ein Kind ...» Aber Elsa kann keine Kinder bekommen. Das ist seit einer Abtreibung in jungen Jahren unwiderruflich. In ihren Romanen erscheinen Kinder als kleine Wunderwesen, und einer Romanheldin legt sie sogar das Geständnis in den Mund: «Eine Frau ohne Kinder ist ein Ungeheuer wie ein Hermaphrodit.»

«Wieder habe ich die Tapeten gewechselt ... Diesmal sind sie gelb und lila gestreift, wie ein großer Gitterkäfig ... Ein Hotelzimmer in Paris. Als ich krank war, träumte ich dort, schlafend und hellwach. Es war fürchterlich ... Vor dem Fenster der verlassene Boulevard Edgar-Quinet, der sich gegen Abend in einen breiten, grauen Fluß, ein Meer verwandelte, darauf die kleinen Leuchtfeuer der Schiffe tanzten ...» Durch die dünnen Wände dringt jetzt Musik: *I'm waiting for the man I love ...*

Eines Tages, als Elsa die Tür zu ihrem Zimmer aufschließen will, entdeckt sie, daß jemand über das Klingelschild das Wort «Hure» geschrieben hat. «Es muß der Hausmeister gewesen sein, er findet, daß mich zu viele Männer besuchen. Ich bin keine Hure, um Gottes willen, auch wenn viele Männer zu mir kommen.» Fernand Léger findet Elsa in Tränen aufgelöst und entscheidet kurzerhand, daß sie die Koffer packen und erneut umziehen müsse. Wohin? Ins Hotel Istria in der Rue Campagne-Première, dort wohnen bereits

Freunde von ihm, Marcel Duchamp, Man Ray und Kiki de Montparnasse. Es hatte sich herumgesprochen, daß das Istria «das billigste und sauberste Hotel am Platz» sei. Rainer Maria Rilke, die Fitzgeralds und Henry Miller waren auch schon dort abgestiegen (womit das Hotel heute stolz wirbt).

Im Künstlerviertel Montparnasse fühlt sie sich unter ihresgleichen: «Dort war ich nicht als einzige alleine. Aber niemand war imstande, meinen inneren Monolog zu unterbrechen.» Jeden Morgen sitzt Elsa in der Closerie des Lilas, ein paar Schritte vom Istria, lange beim Kaffee. Sie läßt sich vom Kellner Papier bringen, das den Briefkopf des Cafés trägt, aber außer privaten Notizen und Briefen an die Schwester in Moskau will ihr nichts gelingen. «Ich bin keine Schriftstellerin, ich bin bloß eine unglückliche Frau und schreibe mit all meinem Unglück», stellt sie mutlos fest. «Camouflage», so muß sie sich eingestehen, war nicht gerade ein Erfolg. Stunden verbringt sie damit, die Leute auf dem Boulevard zu beobachten. Sie läßt ihre Blicke über die Tische auf den Trottoirs schweifen, und wenn sie einsame Frauen trübsinnig vor einem Glas Pernod sitzen sieht, erkennt sie in ihnen mit Schrecken sich selbst. Sie sieht junge Männer lässig am Zinc lehnen und sehnt sich nach einem, der sie erlöst. Sie bestellt noch einen Café Crème, sucht nach Worten, aber ihre Gedanken schweifen in alle möglichen Richtungen, nur nicht auf das Papier. Die große, grüne Kaffeetasse ist schon wieder leer, leer wie das weiße Blatt daneben, und im Portemonnaie ist auch nicht mehr viel. Zeit zu gehen. Rückhaltlos notiert sie in ihr Tagebuch: «Ich werde resigniert sterben, weil ich kein liebendes Herz an meiner Seite habe, womit ich das Leben lieben könnte.»

Nicht wegzudenken aus dem öffentlichen Leben der Stadt Paris waren in jenen Tagen die Surrealisten mit ihrem aufmüpfigen Schreiben und Treiben. Mit schockierenden Theateraufführungen hatten sie schon als Dadaisten zu Beginn des Jahrzehnts wahre Saalschlachten angezettelt. 1924 dann war das «Erste Manifest» des Surrealismus erschienen, dessen Verfasser, Freunde der Kommunisten, erklärten: «Beim gegenwärtigen Zustand der Gesellschaft in Europa bleiben wir auf der Seite des Prinzips aller revolutionären Aktion, selbst wenn sie vom Klassenkampf ausgeht, vorausgesetzt, daß sie weit genug reicht.» Der harte Kern der Surrealistengruppe waren lauter attraktive Männer im besten Alter: der aristokratische André Breton, der zarte Paul Éluard, der drahtige Philippe Soupault und der dandyhafte Louis Aragon. Als Elsa an einem jener ziellosen Tage aus der Metrostation Port-Royal tritt, kreuzt ein junger Mann ihren Weg. Er geht so dicht an ihr vorbei, daß ihr der Duft seines Rasierwassers in die Nase steigt. Sie erkennt ihn sofort, es ist Aragon, eine grazile, elegante Erscheinung mit Hut und Gehstock und strahlendblauen Augen. Zu seinen Eitelkeiten gehört eine beeindruckende Krawattensammlung: Er soll annähernd tausend Schlipse in allen Regenbogenfarben besessen haben, die er auf Reisen stets komplett in einem Koffer mit sich führte. «Ein schöner Junge, eine Primadonna.»

Elsa hat ihn schon vor ein paar Jahren zu Gesicht bekommen, im Juli 1925. Damals wurde ihr Stammcafé Schauplatz einer surrealistischen Entgleisung. In der Closerie gab es ein Bankett zu Ehren des alten Dichters Saint-Pol Roux, einem Freund von Paul Claudel. Der Symbolist wurde von den Surrealisten verehrt; zugleich bedauerten sie einhellig, «daß sein Aufenthalt in Paris Anlaß zu einem so überkommenen und lächerlichen Festmahl gab». Breton vermutete, daß der gealterte Poet jeden näheren Kontakt zu seinen Jugendfreunden verloren hatte und hoffte, eine Brücke zwischen sich und den Surrealisten schlagen zu können. Doch die waren gereizt bis aufs Blut, denn der Dichter und französische Botschafter Paul Claudel hatte kürzlich in der Zeitschrift *Comœdia* erklärt, Dadaismus und Surrealismus hätten «nur einen Sinn: einen päderastischen». Den erbosten Männern fehlte nur

13

noch der Anlaß, um ihren Zorn loszuwerden. Die Anerkennung, die man ihnen mittlerweile als Literaten zollte, ließ sich nicht ohne weiteres mit ihrer antibourgeoisen Haltung vereinbaren. Das bloße Wort «Ehrentafel» brachte sie in Rage. Sie hatten einen «offenen Brief an Herrn Paul Claudel» verfaßt und beschlossen, beizeiten in der Closerie des Lilas einzutreffen, um unter jeden Teller ein Exemplar des auf ochsenblutfarbigem Papier gedruckten Briefes zu schmuggeln. Die Gästeliste verhieß einen Skandal. Madame Rachilde und der Dichter Lugné-Poe waren geladen, beide bei den Surrealisten verschrien, sie wegen nationalistischer Äußerungen, er wegen Spionagetätigkeit im Krieg. Man saß und speiste, Konversation war im Gange, da begannen die jungen Herren, quer über den Tisch lauthals über die anwesenden Honoratioren zu lästern. Inzwischen war jemand auf die Schmähschrift aufmerksam geworden, deren Respektlosigkeiten einigen Anwesenden die Sprache verschlugen. Damen rangen nach Luft. Eine von ihnen bat Breton, das Fenster zu öffnen. «Ich wandte dabei wohl einige Gewalt an, oder die Fassade, die auf den Boulevard Montparnasse ging, war in Höhe der ersten Etage stark verwittert, weil sich nämlich die beiden Fensterflügel aus dem Fensterkreuz lösten, während ich noch den Griff in der Hand hielt.» Eine Rauferei brach aus. «Gerade wurde ein ziemlich kläglicher Hecht in heller Soße serviert, als einige von uns bereits auf den Tischen standen.» Gläser splitterten, der Abend endete damit, daß die Polizei auftauchte und aufs Geratewohl Madame Rachilde Handschellen anlegte.

Im Bankett für Saint-Pol Roux sah Breton den endgültigen Bruch des Surrealismus mit allen konformistischen Elementen der Epoche: «Mit diesem Augenblick sind die Brücken zwischen dem Surrealismus und allem übrigen abgebrochen. Damit werden wir uns bestens abfinden. Doch nichtsdestoweniger wird sich die gemeinsame Revolte von nun an auf politischer Ebene einen Weg bahnen.» Elsa rümpfte die

Nase. Sie gönnte den Surrealisten ihren Auftritt, doch waren sie nicht ein wenig naiv? Wie konnten diese dreißigjährigen Radaubrüder ernsthaft glauben, ihre Provokationen hätten Auswirkungen auf die Politik? Sie bekämpften die ehrwürdigen Literaten und waren doch selbst wohlerzogene Bürgersöhne, die den Aufstand im Frack probten. Was sie in der Closerie des Lilas gesehen hatte, erinnerte sie an Majakowskijs Auftritte. Einmal war er im Moskauer Polytechnikum auf einen Tisch gestiegen, um sich selbstherrlich zum König der Dichter zu ernennen. Aber Majakowskij ließ nicht nur in einem geschlossenen Zirkel unflätige und zynische Bemerkungen fallen, sondern veranstaltete auch Lesungen vor einem Arbeiterpublikum, engagierte sich bei der Aufklärung und Alphabetisierung der Massen.

Wer am kulturellen Geschehen im Paris der zwanziger Jahre Anteil nahm, kam an den Surrealisten allerdings nicht vorbei. 1926 erschien Aragons Roman «Der Bauer von Paris», neben Bretons «Nadja» heute einer der Klassiker surrealistischer Literatur. Elsa hatte das Buch gelesen, «und weil es mir näher, zugehöriger, verwandter war als sonst etwas, wollte ich den Mann kennenlernen, der es geschrieben hatte». So kritisch sie gegenüber den surrealistischen Aktionen war, sosehr bewunderte sie Aragons Erzähltalent. Sein Roman war geradezu philosophisch. Der entwurzelte Mensch des 20. Jahrhunderts führte darin seine Langeweile in der Großstadt spazieren, die sich unter seinen Tritten in eine Naturlandschaft der Moderne verwandelte. Aber hatte sie hinter den geistreichen Wendungen, zwischen den Zeilen nicht auch die irrende Seele entdeckt, die dem Sinn des Lebens hinterherlief, dem die ungezügelten Dadaisten noch den Garaus gemacht hatten? Elsa vernahm in diesem Roman ein männliches Echo auf ihre Idee vom Absoluten in der Liebe.

Man schreibt den 6. November 1928. Nur die späten Plata-
nen auf den Boulevards und Avenuen tragen noch letzte
Blätter. Elsa hat ihren gestreiften Pelzmantel über das
schwarze Kleid gezogen und eine Toque auf ihr blondes Haar
gesetzt. Tual, im Kreise der Surrealisten kein Unbekannter,
hat sich bereit erklärt, als Mittelsmann zu fungieren, und ein
Treffen arrangiert.

«Ich wußte nichts über diese Frau», schrieb Aragon später.
«Ein Freund hatte mir gesagt, ‹eine Frau› ...» Tual hatte ihm
erzählt, daß sie seine Bücher verehre. «Gut», hatte Aragon
geantwortet, «schauen wir uns diese Frau mal an.» Ein Treffen, mit dem er sich zumindest den Nachmittag vertreiben
würde.

Die Entschlossene verläßt im letzten Moment die Cou-
rage. Am Tag ihrer Begegnung mit Aragon schreibt sie in ihr
Tagebuch: «Ich glaube, ich muß mir Veronal kaufen. Oder
doch nicht? Das Leben schmerzt mich, wie Laufen auf
Scherben.» – «Ich kann nicht mehr weinen. Ich habe nur dieses unerträgliche Gefühl. Jetzt ist es ein Uhr, ich bin noch
immer im Bett, mein Herz schlägt wie gestern, ich habe
große Schwierigkeiten aufzustehen, denn warum auch; genauso schwierig ist es liegenzubleiben, denn warum auch.»
Ausgerechnet in dieser Stimmung will sie sich mit einem
Mann treffen, dessen Buch sie verehrt. Sie hat das Rendezvous mit dem per Augenschein und Lektüre Erwählten zwar
selbst herausgefordert, doch nun zittern ihr die Knie. So bit-
tet sie kurzerhand einen alten Freund aus Moskau, den
Schriftsteller Wladimir Pozner, sie zum Treffpunkt zu begleiten. «Aragon wird dasein, teilte sie mir mit, ohne genau
zu sagen, ob sie sich mit ihm verabredet oder einfach von seiner Anwesenheit erfahren hatte. Von ihm selbst?» Doch
Pozner ahnt schon, was Elsa vorhat, und denkt bei sich: «Ich
werde nur einen Moment bleiben, sie braucht einen An-
standswauwau.» Es kommt noch besser: Elsa weist ihn an,
auf ein Zeichen von ihr entweder zu gehen, wenn es gut lau-

fen sollte, oder – falls nicht – zum gemeinsamen Aufbruch zu drängen.

Ort des Geschehens: die brandneue und schon äußerst gut besuchte Bar La Coupole am Boulevard Montparnasse. Der riesige Saal, in dem die Menschen dichtgedrängt an den Tischen sitzen, ist im zeitgenössischen Art-deco-Stil gehalten. Viereckige Pfeiler sind mit Gemälden von Léger, Utrillo, Kisling und Marie Wassilieff geschmückt, Kellner mit langen, weißen Schürzen klemmen Bordeauxflaschen zwischen die Knie und hebeln den Korken mit geübtem Griff aus. Das Knallen von Sektkorken rhythmisiert die vielstimmige Unterhaltung. Menschen lösen sich vom Tresen und gehen hinaus. Taxis geben Gas, und durch die Drehtür kreiseln neue Gäste herein. Zur verabredeten Stunde, nachmittags um fünf, nehmen Elsa und ihr Komplize in der Coupole Platz. Sie haben noch nicht bestellt, da betritt Aragon das Lokal und nähert sich mit gespielter Gleichgültigkeit dem Tisch. Er setzt sich hin «mit dem ganzen romantischen Gefühl und der schwindelerregenden Ignoranz der Pariser ... Ich ahnte nicht, daß sich mein Leben von da an grundlegend ändern sollte», sagte Aragon später. Der Frauenheld taxiert Elsa mit Kennerblick und stellt fest, daß sie nicht nur ansehnliche Beine hat, sondern auch eine schöne, sonore Stimme: «Was erzähltest Du mir? Ich wußte es nicht mehr. Warum geht der denn nicht ... er soll jetzt gehen! Er war doch nicht mitgekommen, um der Unterhaltung zuzuhören?» Pozner erfaßt die Situation, vielleicht hatte ihn Elsa auch schon unter dem Tisch mit der Schuhspitze angestoßen, er sagt das zuvor mit Elsa verabredete Sprüchlein auf, faselt irgend etwas von einem anderen Termin, greift Hut und Mantel und macht sich davon. «Ich hatte Glück, er wurde zum Abendessen erwartet. Ich konnte nicht sofort Deine Hände ergreifen. Ich konnte mir nichts vorstellen außer dem Wahnsinn. Doch wer wagt, gewinnt.» Nicht das Schicksal, an das Aragon sowenig glaubt wie an eine Wahrheit, sondern das

Die Schwestern Elsa und Lilja Brik, der neunjährige Louis Aragon. «Wenn sie sich nur von der Wiege an gekannt hätten», schrieb Elsa, «wenn sie zusammen laufen und lesen gelernt hätten, wenn sie die Liebe miteinander gelernt hätten! All die verlorene Zeit. Man sollte diese Leerstelle überwinden, einander erzählen, um diese Trennung, mit der beider Leben beginnt, ungeschehen zu machen ...»

Spiel des Augenblicks entscheidet. «Ich wettete mit mir: Wenn Du nicht willst, noch an jenem Abend, dann zum Kuckuck mit dem ganzen Leben! Aber verliebt war ich nicht, ich liebte Dich nicht. Ich habe Dir nicht gesagt, daß ich Dich liebe, weil ich Dich nicht liebte. Aber warum hielt ich so sehr daran fest ... Kanntest Du meinen verborgenen Text jenes Abends? Mein Gott, wie sehr ich Dir gefallen wollte!»

Aragon gewinnt die Wette, die er mit sich selbst und mit seinem ganzen Leben abschließt. Sie verbringen die Nacht gemeinsam im Istria, auf Elsas Zimmer.

«Zimmer des Augenblicks
ganz egal wie man sich
auszieht
alles ist eine Komödie
nur das nicht
was man in den Armen der Mädchen sagt.»

Wieder einmal hat der Charmeur eine schnelle Eroberung gemacht. Noch weiß er nicht, daß diese Begegnung seinem Leben als Casanova ein Ende setzen und ihn zum treuen Lebensgefährten einer Frau machen wird. Und Elsa? Fand sie in einem Atemzug vom Sie zum Du, wie Madame de Perseval in Aragons Roman «Aurélien»: «Wissen Sie, daß mich manche Männer zehn Jahre lang um das angefleht haben, was ich dir auf Anhieb gewährt habe?» Oder lag zwischen dem ersten Rendezvous und der Lust auf Elsas Zimmer doch mehr als nur ein Novemberabend? Legenden lassen sich selten überprüfen. Jedenfalls sahen die beiden sich wieder. Gleich am nächsten Abend wurden sie in einer Bar gesichtet, wie sie sich an einem Tisch gegenübersaßen und sich bei den Händen hielten. Er hatte ihr eines seiner Bücher mit einer liebevollen Widmung mitgebracht. Der 6. November 1928 wird für Elsa und Aragon zum achten Schöpfungstag, an dem das Paar erschaffen wird – das Paar als beider künftige Lebensphilosophie.

Wahrlügen an der Wiege

Aragon, der Flaneur, beschleunigt seinen Schritt, wenn er in Reichweite einer Bar Durst verspürt. Er löscht ihn am besten im Café Certâ an der Oper, wo die regelmäßigen Zusammenkünfte der Surrealisten stattfinden. Sie berichten sich die Vorfälle der vergangenen Woche und erfinden neue Spiele. Viele von ihnen leben noch bei den Eltern oder sind in einer Militärkaserne stationiert. Aragon wohnt bei seiner Mutter im Pariser Vorort Neuilly, aber verschämt sagt er, er lebe nicht mehr dort. Nachmittags nimmt er Reißaus auf die Straße und – zu vorgerückter Stunde – in Bars und Bordelle, die Damen kennen ihn schon. Am liebsten treibt er sich in Stundenhotels und Passagen herum, halb draußen, halb drinnen, ohne sich festlegen zu müssen. In den «Treibhäusern der Trägheit» erwartet er etwas Außergewöhnliches, das nicht kommt: «Von der Lichterperle der Rue Pigalle über die mit einem speziellen Kreuzweg herausgeputzten Metrostationen bis hin zu den dunklen Sackgassen, in denen jämmerliche Liebespaare in Ekstase geraten, bildet der Stumpfsinn eines ganzen Volkes eine ohrenbetäubende Schleppe – wie die Seide des Donners – für ein paar wirkliche *Nachtschwärmer*, wie ich einer bin.» Die Abwechslungen der Pariser Nacht können Aragon zwar für Stunden berauschen, aber am nächsten Morgen überfällt ihn wieder die Langeweile. Sein ehrgeiziges Talent irrt ziellos durch die Straßen. Wie sein Freund André Breton frönt er der Leidenschaft, eine «einigermaßen passable» Frau auf der Straße zu verfolgen, so lange, bis eine attraktivere ihn auf eine neue, unvorhergesehene Route lockt, ein Spiel, für das man immer neue Regeln ersinnen kann. «Dieses *Los!* war immer sein Signal, wenn er beschloß, ein Spiel zu spielen, das seine Einsamkeit auf den Straßen mit Leben erfüllte.» Bei den Freunden prahlt Aragon mit seinen Frauengeschichten. «Dann wurde er unerträglich», findet Soupault. «Er berichtete uns von seinen ‹Großtaten› und seinen Unterhaltungen, besonders mit einer gewissen Irène, einer verwelkten Blondine, die er uns vorstellte und die in ihren Mußestunden auch schrieb. Sie mißfiel uns, trotz der Lobreden ihres Liebhabers und vielleicht sogar wegen der exzessiven Komplimente, die er ihr zu Füßen legte. Irène war nicht die einzige, die ihn anbetete, Louis gefiel den Frauen.» Unter dem Pseudonym Albert de Routisie erscheint 1928 Aragons ebenso pornographischer wie melancholischer kleiner Roman «Irène» – die Freunde glauben, daß es nichts gibt, was Aragon ohne den Hintergedanken erlebt, es in Literatur zu verwandeln. Ja, sie liegen mit ihrer Vermutung richtig. «Ich zum Beispiel denke nicht, ohne zu schreiben, ich möchte behaupten, daß Schreiben meine Methode des Denkens ist. In der übrigen Zeit, in der ich nicht schreibe, kenne ich nur flüchtige Gedanken, eine Art Fratze meiner selbst, wie eine Erinnerung von dem, was ist», verrät er in «Irène». Louis gefällt nicht nur den Frauen: Was Aragon mit seinem Freund Drieu la Rochelle treibt, wenn sie nicht einträchtig in Stundenhotels herumziehen, will keiner so genau wissen. Über seine intimen Beziehungen zu Drieu wird nur gemunkelt, aber für einen Aragon, der stets bis an seine Grenzen geht, scheint kein Neuland unbegehbar zu sein. Es gibt nur ein Thema, über das er sich ausschweigt: seine Familie.

Louis Aragon wurde in ein Gespinst aus Dichtung und Wahrheit hineingeboren. Aragons Mutter Marguerite Toucas und ihre beiden Schwestern Marie und Madeleine unterhielten von 1900 bis 1904 eine Pension in der Avenue Carnot, nahe dem Triumphbogen. Das Kommen und Gehen der meist eleganten Gäste – die Weltausstellung im Jahre 1900 zog Publikum aus aller Herren Länder an – war ein Schauspiel, das die Phantasie des Kindes über die Maßen anregte. «Zu Hause wurde ich vor allem von den Damen verwöhnt. Den Ausländerinnen.» Groß war die Faszination, die von den Frauen ausging, wenn sie in raschelnden Gewändern über die Flure schritten, fremde Sprachen und Düfte verbreiteten; hinter einer Flügeltür drangen ungewohnte Klänge aus einem mitgebrachten Phonographen hervor. Die Familie sah es ungern, wenn der Junge sich bei diesen fremden Frauenzimmern aufhielt, deren Liebkosungen und Süßigkeiten er strahlend annahm. Er wurde zum Spielen auf die Straße geschickt: «Mit fünf Jahren langweilt man sich, draußen auf dem Asphalt / Wie ich sie haßte, diese Avenue Carnot.» Gleichaltrige Freunde hatte er nicht, er war umgeben von lauter Erwachsenen. Wenn er alleine blieb, malte er sich aus, was hinter den geschlossenen Türen der Pensionszimmer vorgehen mochte. Er dichtete den Statisten seiner Kindheit Geschichten an und war gerade siebenjährig, als er ein kleines Drama verfaßte, «Welch göttliche Seele!», worin eine Reisegesellschaft sich auf das Abenteuer einläßt, ins ferne Rußland zu fahren – ein Ziel, das für den frühreifen Autor durchaus kein imaginäres bleiben sollte.

Louis täuschte sich nicht, wenn er seine Kindheit wie eine Theateraufführung erlebte. Marie, Madeleine und Marguerite wurden ihm als seine drei Schwestern vorgestellt, doch das war ein kapitaler biographischer Schwindel, den seine Großeltern angezettelt hatten – die sich als seine Eltern ausgaben. Seine leibliche Mutter war Marguerite Toucas. Als Siebzehnjährige hatte sie ein Verhältnis mit einem verheirateten, vierzig Jahre älteren Mann gehabt. Unter seinem Namen, Louis-Marie Andrieux, kam Aragon am 3. Oktober 1897 in Paris zur Welt. Das Pseudonym, unter dem Aragon als Schriftsteller berühmt werden sollte, hatte der Vater, ehemals Pariser Polizeipräfekt und Botschafter in Spanien, also

erfunden – vielleicht erinnerte ihn der Name an seine glo-
riose Vergangenheit und manch andere Liebschaft. Nicht
nur Andrieux war daran gelegen, die Geburt des Kindes zu
vertuschen, auch die Toucas' fürchteten Gerede. Kaum war
das Baby abgenabelt, gaben sie es in ein Dorf in der Bretagne
zu einer Amme, für ein knappes Jahr. Als es wieder nach Paris gebracht wurde, war die gesamte Familie vom dörflichen
Neuilly ins urbane 17. Arrondissement umgezogen, um die
Spuren der Schande gänzlich zu tilgen. Als vermeintlicher
Patenonkel kam der Vater hin und wieder zu Besuch. Zwischen ihm und Marguerite gab es dann dramatische Szenen,
Marguerite war voller verletzter Gefühle und brach oft in
Tränen aus, Andrieux mischte sich in die Erziehung des gemeinsamen Sohnes ein, was zu weiteren Unstimmigkeiten
führte. Er war ein Mann von liberaler Gesinnung; wie das
ganze kleinbürgerliche Milieu der Toucas' mißfiel ihm, daß
Louis auf eine katholische Schule kam – wo er übrigens in
Französisch und Latein glänzte. Einmal entdeckte Andrieux
das Bild eines bärtigen Mannes auf dem Nachttisch seines
Sohnes, welcher ihm treuherzig erklärte, dies sei sein Papa,
aber der sei lange tot. Wutschnaubend packte der überaus lebendige Vater das Photo des Phantoms und zerriß es in tausend Stücke. Aragon schöpfte schon als Kind den Verdacht,
daß irgend etwas nicht stimmte. Die Einzelheiten des genea-
logischen Betrugs erfuhr er jedoch erst als Zwanzigjähriger.
Da zog er in den Krieg, möglicherweise mit tödlichem Ausgang, und die echten Eltern offenbarten ihm ihr Täu-
schungsmanöver, mit dem er leben, aber nicht sterben sollte.

Am 28. Juni 1914 wurde der österreichische Kronprinz Franz
Ferdinand in Sarajewo von serbischen Attentätern erschossen. Einen Monat später erklärte Österreich-Ungarn Serbien
den Krieg. Der sechzehnjährige Aragon büffelte gerade für
die Abiturprüfungen. Er bestand sie mit «sehr gut» und begann das Medizinstudium auf Wunsch der Mutter, für die

sich der Arztberuf mit Ansehen und Wohlstand verband. Zu Hause ging man schon in Trauer: Madeleines Gatte war an der Front gefallen. In den Straßen von Paris waren immer mehr schwarzgekleidete Frauen zu sehen, die ersten Kriegsinvaliden kehrten heim, an Krücken und in Rollstühlen. Aragon kam sein Bemühen um gute Noten von Tag zu Tag absurder vor:

«Es war eine Phase der Einsamkeit
O langes Darben zur Studienzeit
Und während man starb in Vimy
Lernte ich die Anatomie»

Am 15. September 1917 kam Aragon als Hilfsarzt ins Pariser Hospital Val-de-Grâce, wo er an medizinischen Lehrgängen zu militärischen Zwecken teilnahm. Bald fiel ihm ein junger Mann auf, den er schon einmal gesehen hatte – richtig, in Adrienne Monniers Buchhandlung La Maison des Amis du Livre in der Rue de l'Odéon, einem neuen Treffpunkt der lesehungrigen Jugend. André Breton trug ein stolzes Haupt, eine dunkle Löwenmähne, und war nie ohne ein Buch in der Tasche seines weißen Arztkittels anzutreffen. Aragon war erstaunt: «Mallarmé, Rimbaud, Apollinaire, Lautréamont, Alfred Jarry. Wer konnte schon diese Auswahl treffen? Niemand, überhaupt niemand.» Die Anziehung beruhte auf Gegenseitigkeit: Breton schrieb an seinen Freund Théodore Fraenkel, er habe einen wahren Poeten kennengelernt, einen, der sich vollkommen unkonventionell verhalte. Breton war ein gutes Jahr älter als Aragon und hatte sich wie dieser mit wachsendem Unbehagen auf den Bänken der Hörsäle herumgedrückt. Wichtiger als die Berufslaufbahn war ihm die Bekanntschaft mit Paul Valéry und mit Guillaume Apollinaire, dem Verkünder der *beauté moderne*, er huldigte Arthur Rimbaud und fing in jenen Jahren damit an, selber Gedichte zu schreiben. Breton und Aragon wurden zu Gefährten in einer gemeinsamen Oase mitten im Krieg, der Literatur. Ihr Buch der Bücher waren die «Gesänge des Maldoror» von Isidore Ducasse, als Comte de Lautréamont dem Kult des Bösen ergeben. Lautréamont war der unsichtbare Dritte im Bunde, nur er schien zu verstehen, was die Gefährten zutiefst verabscheuten: Konnte man noch gediegene, symbolistische Verse schreiben, während ein solcher Krieg wütete? Die Dichtung konnte nur so schön sein wie die berühmte Begegnung einer Nähmaschine und eines Regenschirms auf einem Seziertisch, Lautréamonts Formel für die Zukunft der Literatur, die alle gewohnten Zusammenhänge in den Köpfen sprengen sollte.

Im Juni 1918 wurde Aragon als Hilfsarzt an die Front geschickt – das Trommelfeuer im Rücken, begann er seinen ersten Roman zu schreiben, «Anicet oder das Panorama». Nach dem Waffenstillstand war er einige Monate im besetzten Rheinland stationiert, manchmal fuhr er nach Paris, mit Breton korrespondierte er. Anfang November bekam er ein Billett des Freundes, in dem dieser ein Ereignis wie den Weltuntergang verkündete: «Aber Guillaume Apollinaire ist soeben gestorben.» Das Vorbild war am 9. November, geschwächt durch eine im Krieg erlittene Kopfverletzung, an der spanischen Grippe gestorben.

Der sichtbare Dritte im Bunde stellte sich bald ein: Es war Philippe Soupault. Er hatte Breton sein Exemplar von «Maldoror» geborgt, damals noch eines der Bücher, die nur unterm Ladentisch gehandelt wurden. Aragon, Breton und Soupault, die «Drei Musketiere», wie sie sich fürderhin nennen sollten, planten bereits die Gründung einer Literaturzeitschrift, mit der sie Apollinaires Geist der Moderne verbreiten wollten. Breton sagte der Arztlaufbahn adieu, und auch Aragon dachte nicht mehr daran, sein Medizinstudium zu beenden. Die Bitten der Mutter stießen auf taube Ohren, denn zuviel hatte er in der Zwischenzeit erlebt, was ihn an Sinn und Notwendigkeit eines ordentlichen Berufes zweifeln ließ. Zuviel kostbare Zeit hatte er schon in Kasernen und Krankenhäusern vergeudet. Das Leben duldete keinen Auf-

André Breton, der Buchhändler René Hilsum, Louis Aragon, Paul Éluard – 1921 aufmüpfige Dadaisten und junge Herren im heiratsfähigen Alter.

schub mehr. Für Aragon und Breton war ein «Kompromiß mit einer Welt, die durch ein so entsetzliches Ereignis nichts gelernt hatte», unmöglich. Sie schworen sich hoch und heilig, nicht länger einem System zu dienen, dessen Nationalismus in das Gemetzel des Krieges führte. Im März 1919 erschien das erste Exemplar einer Zeitschrift, deren Titel auf Bretons väterlichen Freund und geistigen Mentor Paul Valéry zurückging: *Littérature*. Neben eigenen Beiträgen hatten sie Texte von Gide, Valéry, Max Jacob, Blaise Cendrars, Jean Paulhan, Pierre Réverdy und Léon-Paul Fargue versammelt. Soupault zahlte allein mit seinem Erbe die Druckkosten, Aragon und Breton waren arm wie Kirchenmäuse. Breton schlug sich schon einige Zeit als Schreibkraft durch und tat schließlich eine originelle Stelle für sich und Aragon auf: bei Jacques Doucet, dem berühmtesten Modeschöpfer der Belle Époque, dessen Roben die betuchten Damen sich auf den Leib schneidern ließen. Auch als Kunstliebhaber und Mäzen machte Doucet sich einen Namen. Der ergraute Herr engagierte die beiden jungen Männer als Privatsekretäre und ließ sich von ihnen schriftlich über das aktuelle Geschehen in Pariser Theatern und Galerien berichten.

Für die Gründer von *Littérature* fiel Apollinaires Tod auf mysteriöse Weise mit dem Erscheinen des «Dada Manifest 1918» zusammen. In Zürich hatte mitten im Krieg ein gewisser Tristan Tzara mit seiner Dada-Bewegung Furore gemacht. *Littérature* publizierte zwar die avanciertesten Texte, doch fehlte der Zeitschrift ein Programm, das Breton sich von Dada versprach. Er schrieb regelrechte Liebesbriefe nach Zürich, in denen er Tzara bedrängte, nach Paris zu reisen. Am 17. Januar 1920 war es soweit: Aragon, Breton, Soupault und Fraenkel hatten sich an den vier Eckpunkten der Gare de l'Est verteilt, verpaßten den Ankömmling aber, weil der kleine Mann ganz hinter seinem großen Reisekoffer verschwand. Das Zusammentreffen schließlich war der Beginn der kurzen, aber heftigen Pariser Dada-Phase.

Die neubezogene Wohnung von André Breton und seiner Frau Simone unterhalb des Montmartre diente den Dadaisten als zweites Zuhause. Vor seiner Türschwelle legte Breton ihm verhaßte Bücher aufgeschlagen hin, damit seine Gäste sich die Füße abtreten konnten. In der Rue Fontaine fanden viele der jungen Männer nicht nur ein Dach über dem Kopf, sondern einen Kreis von Gleichgesinnten, der wie eine Familie funktionierte. Hier wurden die Veranstaltungen der «Grande Saison Dada» ausgeheckt. Die Pariser Dadaisten, inzwischen eine stattliche Gruppe, die neben den Drei Musketieren aus Georges Ribemont-Dessaignes, Jacques Rigaut, Paul Éluard, Max Ernst, Francis Picabia, Man Ray, Marcel Duchamp und Benjamin Péret bestand, unternahmen absurde Stadtwanderungen zu entlegenen Flecken, die sie zu Baudenkmälern erklärten, inszenierten einen Schauprozeß gegen den nationalistischen Schriftsteller Maurice Barrès und traten mit allerlei Dada-Dramen auf. Einer der Höhepunkte der Saison war eine Max-Ernst-Ausstellung, seine erste, die schon deshalb Aufsehen erregte, weil ein deutscher Künstler so unmittelbar nach dem Krieg auf französischem Boden präsentiert wurde.

Doch die Dadaisten stritten sich nach kurzer Zeit aus purem Überdruß. «Gegen Aragon bildet sich eine große Koalition. Einzig Desnos und Morise zeigen sich großmütig. Alle anderen sind ihn leid. Einige Vorwürfe, die man ihm macht, sind gerechtfertigt, andere sind abgefeimt», schrieb Simone Breton an ihre Cousine Denise. Breton warf Aragon vor, seine Eitelkeiten zu pflegen, statt sich für ein Weiterleben der Bewegung zu engagieren. Ihre Witze wurden schal, die Aufführungen verkamen zum modischen Klamauk. Wer seinen Snobismus pflegen wollte, wohnte einer Dada-Soiree bei. Die letzte Veranstaltung dieser Art fand im Juli 1923 im Théâtre Michel statt, bei der Tzaras Stück «Das Gasherz» aufgeführt wurde. Pierre de Massot verkündete dem Publikum, Picasso sei auf dem Felde der Ehre gefallen, und weigerte sich, die Bühne wieder zu verlassen. Breton, schnell unbeherrscht, schlug mit seinem Spazierstock nach Massot und brach ihm dabei den Arm. Tzara rief die Polizei. Aragon und Breton hatten sich etwas anderes versprochen als die pure Negation: eine zukunftsweisende Ästhetik mit gesellschaftlichem Anspruch. Dada war verpufft, ohne daß die Bewegung eine zufriedenstellende Antwort auf die Frage gegeben hätte, wie die Literatur, die Kunst schlechthin, das Denken verändern und neue Werte für die Zukunft setzen könnte.

Breton war während des Krieges in die psychiatrische Station der 2. Armee in Saint-Dizier versetzt worden. Dieser Aufenthalt übte entscheidenden Einfluß auf seinen geistigen Werdegang und auf die Pariser Gruppe aus. «Obwohl es noch lange dauerte, bis sie zur Anwendung kommen sollte, konnte ich dort an den Kranken die Verfahren psychoanalytischer Forschung erlernen, besonders die Aufzeichnung von Träumen und unbewußten Gedankenverbindungen, mit dem Ziel ihrer Deutung.» Diese Verfahren machten schon fast das ganze surrealistische Rüstzeug aus. «Es wird nur noch zu einer Ausweitung der *Ziele* kommen, für die diese Träume und Gedankenverbindungen gesammelt werden müssen; Deutung ja, in jedem Fall, doch vor allem *Befreiung* von Zwängen – der Logik, der Moral und anderen –, um die ursprünglichen Kräfte des Geistes wiederzuerlangen …» Die Schriften Freuds waren 1911 auf französisch erschienen, und Breton hatte sie begierig verschlungen. Er pilgerte 1921 erwartungsfroh zu dem Meister nach Wien. Doch der entließ seinen Besucher schon nach einer halben Stunde mit der Frage, was sich der Literat aus Paris von den wissenschaftlichen Erkenntnissen erhoffte?

Gegen Ende des Jahres 1922 dann wurde die Wohnung der Bretons in der Rue Fontaine Schauplatz merkwürdiger Zusammenkünfte: «Die Surrealisten wurden von einer Schlafepidemie befallen.» Man hörte sie «bei gelöschten Lichtern unbewußt sprechen wie Ertrunkene in frischer Luft». Einer aus dem Kreis wurde in Hypnose versetzt, und wenn er anhob zu sprechen, griff Simone Breton zu Stift und Schreibblock und zeichnete alles auf, was zu vernehmen war. Desnos verblüffte seine Kameraden durch ausgeklügelte Wortspiele. Handelte es sich wirklich um Poesie aus den tiefsten psychischen Schichten oder vielleicht doch um durchdachte Inszenierungen? Unerheblich – es ging den Experimentierkünstlern darum, das Unbewußte als Quelle intensivierten Lebens und lebendiger Kunst zu nutzen. Schon 1919, Aragon war

noch Soldat im besetzten Rheinland, hatten Breton und Soupault gemeinsam einen Text verfaßt, «Die magnetischen Fel-
der», diktiert von der Stimme des Unbewußten. Das Auto-
matische Schreiben, wie sie es nannten, wurde zu einer
genuinen Erfindung des Surrealismus. Aragon konnte eine
gewisse Eifersucht auf diese unbefleckte geistige Empfängnis
der beiden Freunde nicht leugnen; seine kleine Rache war
die Veröffentlichung seines Kinderromans «Welch göttliche
Seele!» in *Littérature*. Seit je war es Breton ein Dorn im
Auge, daß Aragon «ganz der ‹Literat› geblieben ist», mit einer Schwäche für den Roman, diesem verschmähten bürgerlichen Genre. Kam er doch mit einem fast abgeschlossenen
Manuskript aus dem Krieg, das der Altvordere Gide nach
eingehender Lektüre an den führenden Verleger Gaston Gallimard weiterempfahl. «Anicet oder das Panorama» wurde
1921 veröffentlicht.

Die Potenzen des Unbewußten stifteten das Programm, nach
dem die ehrgeizigen Avantgardeliteraten so lange gesucht
hatten. 1924 wurde das «Manifest des Surrealismus» prokla-
miert, in dem man lesen konnte: «Der *Surrealismus* ist kein
neues oder einfacheres Ausdrucksmittel, nicht einmal eine
Metaphysik der Poesie; er ist ein Mittel totaler Befreiung des
Geistes und all dessen, was ihm ähnelt.» Die erste Nummer
der Zeitschrift *La Révolution surréaliste* erschien. Der Titel
erklärte schon, worum es der Gruppe ging: Die phantasti-
sche Macht des Unbewußten sollte jeden Bereich des Lebens
revolutionieren. Die Veröffentlichung von Schriften reichte
nicht mehr. Man mietete eine Wohnung in der Rue de
Grenelle und erklärte sie zum Büro für surrealistische Forschungen. Wer wollte, konnte zwischen Frauenkörpern aus
Gips und wundersamen Zeichnungen, die überall hingen,
Platz nehmen und sich über die Absichten der Surrealisten
aufklären lassen. Aragon, immer voller Ironie, nannte das
Büro schon damals «ein romantisches Asyl für alle jene

Ideen, die sich jeder Einordnung in landläufige Kategorien widersetzen. Alles, was in dieser verzweifelten Welt noch an Hoffnung übriggeblieben ist, richtet seine letzten verzückten Blicke auf unseren armseligen Laden: *Eine neue Erklärung der Menschenrechte muß irgendwie auf die Beine gebracht werden, das ist das Ziel.*»

Das Unbewußte entpuppte sich als ein Fundus voller phantastischer Bilder. Der Alltag sollte sich fortan mit ihnen schmücken; er sollte von der Glut des Begehrens erhellt werden. Die Passion für eine Frau konnte das gesamte Dasein intensivieren – doch war sie verflogen, ging die Suche weiter – nach der Passion. Breton begegnete einer jungen Frau auf der Straße, die ihm wahnsinnige Geschichten erzählte; es war Nadja, mit der er die Liebe erlebte wie eine rasende Autofahrt, bei der seine Begleiterin ihm, der am Steuer sitzt, den Fuß aufs Gaspedal drückt und ihm beide Hände vor die Augen legt. Die Liebe sollte so gegenwärtig sein wie «ein endloser Kuß», sollte der reinen Intuition folgen und ununterbrochen an das Wunder glauben. Just in jenen Jahren, da die «Wörter, die miteinander Liebe machten», so fruchtbar wurden, zerbrach Bretons Ehe. Aragon seinerseits verliebte sich in eine Frau, die ihn nicht erhören wollte: Hin und wieder bekamen die Bretons Besuch von Simones verheirateter Cousine Denise Lévy aus Straßburg. Diese knochige, blonde Frau mit extrem großen Augen und breitem Mund schlug Aragon in ihren Bann. In Paris lag er ihr zu Füßen, und nach Straßburg sandte er zarte Zeilen. «Denise, Denise, Sie, die Sie trotz allem der Horizont sind, der einzige Horizont, den ich erkenne, und dem ich mich noch einmal verzweifelt zuwende.» Aragon litt an der Unerreichbarkeit dieser Frau, aber seine Eloquenz erreichte dabei Höhepunkte. Simone hielt es gar für angebracht, die Cousine vor dem Sprachverliebten zu warnen, für den der Name Denise «den Klang des Windes» angenommen hatte: «Was Ar. angeht, so erkenne ich weder, daß Du wirklich das Thema seiner Worte bist, die

Du mir wiedergibst, noch der Grund für sein Zögern, wie Du mir anvertraust. Du müßtest Dich zweiteilen.» Aragons lyrischer Charme war zwar verführerisch, doch Denise blieb reserviert. Sie ließ sich bald scheiden und heiratete Pierre Naville, ein anderes Mitglied der Surrealistengruppe. Aragon verlieh ihr in «Der Bauer von Paris» Gestalt, die Gestalt der Liebe, die dem Leben einen Sinn verleiht. Zuverlässiger als die Liebschaften war aber immer noch die gemeinsame Liebe Aragons und Bretons zur Literatur. Im Lauf des Sommers 1927 weilten sie beide in Varengeville, einem «schönen Korsarenschlupfwinkel» in der Normandie, wo Breton «versuchte, die Stimme von Nadja einzufangen», und Aragon sich in «Abhandlungen über den Stil» übte. «Die ungefähr zehn Manuskriptseiten, die er sich tatsächlich abverlangte, kosteten ihn kaum mehr als eine halbe Stunde Arbeit, wenn man angesichts dieser gymnastischen Meisterleistung, die er spielend vollbrachte, überhaupt von Arbeit sprechen kann. Er ließ es sich nicht nehmen, sie mir jeden Nachmittag irgendwo am Strand von Pourville bei einem Cocktail Alexandra vorzulesen.»

Als Elsa Triolet «Der Bauer von Paris» las, konnte sie nicht wissen, wer die geheimnisvolle Dame der Buttes Chaumont war, die den Autor auf seine Idee von der absoluten Liebe brachte: Es war Denise oder Aragons unerfüllte Sehnsucht nach der mystischen Vereinigung mit einer Frau.

Die Pariser Dadaisten hatten Tzara entdeckt, nicht Majakowskij; sie waren der Psychoanalyse auf literarischen Wegen nachgegangen, nicht dem Marxismus. Als das Winterpalais des Zaren gestürmt wurde, war die Generation, zu der Aragon gehörte, viel zu sehr in die allernächsten Angelegenheiten verstrickt, um den Blick auf Moskau richten zu können, sie dachten an die Rettung ihrer Jugend und der ganzen Zukunft. Doch inzwischen hieß jedes zweite Wort «Revolution». Trotzkis Schriften gingen von Hand zu Hand, wie zuvor Apollinaires Gedichte. Von ihrer Pariser Warte aus sahen die Surrealisten die junge Sowjetunion durch ein rosa Fernglas: als Land, in dem Kunst und Politik jene Verbindung eingingen, wie sie die Avantgarde sich auf die Fahnen geschrieben hatte. Wo der Marxismus sich als Staatsideologie durchgesetzt hatte, lag die größte Chance zur Befreiung der unterdrückten Klassen und Völker. Die Kommunistische Internationale verhieß ihnen das Ende der Nationalstaaten, die sich gegenseitig in den Krieg getrieben hatten. Von den Schikanen, unter denen Wladimir Majakowskij Mitte der zwanziger Jahre bereits litt, wußten sie nichts.

In der Sowjetunion wiederum setzte man auf die Surrealisten als intellektuelle linke Kraft im Westen, jedoch ohne ihre Arbeiten genau zu kennen. Die Künstler wollten nun ihren revolutionären Willen durch Taten beglaubigen. Noch 1925 hatte der defätistische Aragon die Russische Revolution als «vorübergehende ministerielle Krise» abgetan. Im Januar 1927 trat er zusammen mit Breton, Éluard, Unik und Péret mit fliegenden Fahnen der jungen KPF bei, die sich 1920 von den Sozialisten abgespalten hatte. Sie seien willens, den Surrealismus in den Dienst der Partei zu stellen. Jeder einzelne von ihnen mußte nun einer Kommission aus Funktionären vorsprechen und seine Integrität bekunden. Die Parteibürokraten stutzten allerdings schon, als sie den knalligen orangefarbenen Umschlag der *Révolution surréaliste* zu Gesicht bekamen. Als sie das Blatt aufschlugen, wuchs ihr Argwohn. Einer machte sich lustig über Picassos und Chiricos Abbildungen in der *Révolution surréaliste*: «Wie herum muß ich das Bild halten?» Ein anderer rügte die Obszönität der Darstellungen. «Die Illusion, daß ihr Mißtrauen sich legen würde, sollte uns von 1928 bis 1932 nicht verlassen», schrieb Breton später, der damals immer forscher das Zepter des Anführers schwang. Er erließ Gesetze, an die sich alle Surrealisten halten mußten. Das ging soweit, daß bei den Versammlungen im Café alle Mandarin-Curaçao trinken sollten,

Bretons Lieblingstrunk wegen der grünen Farbe. Aragon fand das kindisch und orderte allein aus Trotz rotbraunen Wermut. Die Sitzungen glichen Revolutionstribunalen: Der alte Mitstreiter Soupault hatte das Sakrileg begangen, sich journalistisch zu betätigen – ein klarer Verrat an der Sprache. Breton machte kurzen Prozeß und schloß ihn aus der Gruppe aus. Artaud und Vitrac weigerten sich, der KPF beizutreten, und wurden gleichfalls exkommuniziert. Aragon schloß sich Bretons Urteil an. Eine Ergebenheitsadresse an Breton war die Rücknahme seines neuesten Werkes: «Die Verteidigung des Unendlichen», schon wieder ein Roman! Breton hatte das Manuskript kaum gelesen, allein die Form dieses Epos sei schon konterrevolutionär. «Wenn in der Veröffentlichung des Buches ein Nachteil gesehen wird, wird es nicht erscheinen.» Lieber sollte das Buch ein Gespenst in der Schublade bleiben, als daß Aragon riskiert hätte, aus der surrealistischen Familie ausgeschlossen zu werden. Seine «geistige Choreographie», wie Breton es nannte, war aber die des Erzählers.

Doch bei aller Disziplin, die Breton walten ließ, um von den Funktionären ernstgenommen zu werden, konnte die Allianz von Surrealismus und Kommunismus nicht lange gutgehen. Die Surrealisten beharrten auf der revolutionären Umwälzung der Gesellschaft kraft des individuellen Geistes, dem in der Sowjetunion längst der Garaus gemacht wurde. Nach drei Wochen traten Breton, Éluard, Péret und Unik schon wieder aus der Partei aus. Aragon aber, der Widersprüchlichste von ihnen, beugte sich der Orthodoxie und blieb.

1928 spielte sich für Aragon noch ein anderes Entscheidungsdrama ab: Seine krisenreiche Liaison mit Nancy Cunard, millionenschwere Erbin der Cunard-Reederei, ging in die Brüche. Sie waren zwei Jahre lang ein, wie Claire Goll sagt, «drolliges und vergnügtes Paar». Nancy hatte zu den ersten

Louis Aragon, der flanierende Dandy, und Nancy Cunard, englische Exzentrikerin und millionenschwere Reederstochter. Sie waren zwischen 1926 und 1928 ein Paar, aber auch nach der Trennung geisterte die einstige Geliebte durch Aragons Dichtungen.

Schaulustigen gehört, die im neueröffneten «Büro für surrealistische Forschungen» aufkreuzten und Interesse an den Aktivitäten der Gruppe bekundeten. Sie entführte den Liebhaber oft in ferne Länder, und Breton ahndete Aragons häufiges Fernbleiben mit diktatorischem Gebaren. Nancy entsprach dem Typus der englischen Exzentrikerin, Aragon stand ihr an Temperament in nichts nach. Beide versuchten ihren Kopf durchzusetzen, und Aragon war unablässig damit beschäftigt, seine Koffer ein- und wieder auszupacken. Nancy, das «rassige Rennpferd», wie Peggy Guggenheim sie bezeichnet, überforderte ihn als Liebhaber und mit ihrer

Umtriebigkeit. Immer heftiger litt Aragon unter einem Minderwertigkeitskomplex, der durch das materielle Gefälle zwischen ihm und der Millionenerbin entstand, die ihn freihielt. Das nagte nicht nur an seiner männlichen Ehre, sondern brachte ihn auch bei seinen Freunden in Verruf, bourgeoise Sitten zu pflegen und das Ansehen der revolutionären Gruppe zu ruinieren, weil er mit Nancy das etablierte Restaurant Le Bœuf-sur-le-Toît frequentierte. Aragon erklärte später: «Die Voraussetzungen des Lebens dieser Frau, die ich liebte, waren von den meinen sehr verschieden, und ich konnte unser Leben zu zweit nicht weiterführen. In materieller Hinsicht war es schwer, mich mit ihr auf gleicher Ebene zu halten, und wie hätte ich von ihr erwarten können, sich auf die meine zu begeben? Wir waren an jenem Punkt angelangt, da die Ungleichheit unserer Lebensstile, zusammen mit dem, was uns persönlich trennte, alle möglichen Fragen über meinen weiteren Lebenswandel in mir aufwarf.» Im November 1927 waren sie wieder auf Reisen, in Madrid. Erneut hatten sie sich gestritten und waren in entgegengesetzte Richtungen gelaufen. Als Aragon ins Hotelzimmer zurückkkam, fiel sein Blick auf das Konvolut auf dem Tisch: Es war das Manuskript seiner nahezu abgeschlossenen «Verteidigung des Unendlichen». Er wog es in seinen Händen. Schritte im Flur, vorbei. Es war nicht Nancy. Er dachte an die Familie der Freunde in Paris. Er zögerte nur kurz, dann warf er das Bündel beschriebenen Papiers in den Kamin und zündete es an.

Die durch so viele Widrigkeiten torpedierte Liebe zerbrach schließlich im augustheißen Venedig. Wieder ein Streit, Aragon drohte mit Selbstmord. «Tu's doch!» schrie Nancy ihn an und knallte die Tür des Hotelzimmers hinter sich zu. Aragon nahm eine Überdosis Schlafmittel. Sein Tod in Venedig wurde verhindert, er wurde – vielleicht vom Hotelpersonal – rechtzeitig gefunden. «Ich ging nach Paris zurück, verschleuderte meine geringe Barschaft, und es blieb mir nicht mehr viel davon übrig, bis ich knapp zwei Monate später Elsa begegnete.»

Aragon flüchtete sich zunächst in die Männerwirtschaft in einem Haus in der Rue du Château, wo Georges Sadoul und André Thirion hausten, erst kürzlich zu den Surrealisten gestoßene Jünglinge. Er stromerte wieder durch die Stadt. Mit Lena Amsel, einer österreichischen Filmschauspielerin, tröstete er sich über die Trennung von Nancy hinweg. Abends fand Sadoul statt Aragon selbst oft Zettel mit elegischen Notizen vor: «Wenn mich jemand besuchen kommt, soll er oder sie auf mich warten, ich bin noch mal nach Montparnasse gegangen, weil ich dieses traurige Haus nicht ertragen kann. Ich komme wieder. Louis.» Das Nachtleben war vor seinen Augen längst zur Kulisse erstarrt: «Euer Tumult und meine Langeweile.»

Elsa Triolet tauchte genau zu dem Zeitpunkt in Aragons Leben auf, da er sich vorgenommen hatte, mit den Illusionen der Jugend Schluß zu machen. «Ich habe es hundertmal wiederholt, und ich wiederhole es hier, daß ich mich ohne sie umgebracht hätte. Sie vermochte mich den Schimären zu entreißen, den Verboten, die auf mir lasteten, den negativen Gefühlen, die mich verfolgten; sie hat mir den Mut zum Leben wiedergegeben und mehr noch, die Kraft zum Werden.» Elsa war Ausländerin wie ihre Vorgängerinnen. Sie war eine Freundin von Majakowskij. Sie gehörte zu diesen Russen, die sich täglich in der Coupole oder im Dôme trafen. «Er hatte mit einer Welt geschlafen und nicht mit einer Frau ...»

Elsas einsame Vergangenheit

«Meine Vergangenheit war, bevor wir uns trafen. Die Vergangenheit, die wir gemeinsam verbracht haben, ist stets gegenwärtig. Die andere Vergangenheit ist einsam und vergangen, eine unvollkommene Vergangenheit.»

Moskau um die Jahrhundertwende. 1896, in dem Jahr, in dem Elsa Jurewnaja Kagan am 12. September in Moskau geboren wurde, kam es bei der Krönungsfeier von Zar Nikolaus II. zu Kämpfen zwischen Polizei und Sozialrevolutionären, bei denen mehr als tausend Menschen starben. Zwei Jahre später wurde die Sozialdemokratische Arbeiterpartei gegründet. 1900 konnte man in der Zeitschrift *Iskra* [Der Funke] erstmals etwas von einem gewissen Wladimir Iljitsch Lenin lesen, der aus der Verbannung in Sibirien zur Befreiung der Arbeiterklasse aufrief. Am 22. Januar 1905, dem «Blutigen Sonntag», wurden Demonstrationszüge von den Militärs niedergeschossen, was eine ganze Welle von Streiks und Aufständen über das Zarenreich brachte. Dies war die erste russische Revolution, von der neunjährigen Elsa bereits mit wachen Sinnen erlebt. Überall im Land wurden nun Razzien vorgenommen, um revolutionäre Elemente auszuradieren. Gefahr war im Verzug: Im Hause des angesehenen, aufgeklärten Rechtsanwalts Kagan würden die Durchsuchungskommandos genügend belastendes Material finden. Elsas Vater, Jurij Alexandrowitsch Kagan, verkehrte aus beruflichen Gründen in Künstler- und Intellektuellenkreisen, denn er war auf die juristischen Angelegenheiten dieser Zünfte spezialisiert. Seine Kindheit und Jugend hatte Kagan im Ghetto verbracht, er gehörte nun zu den wenigen Juden, denen im antisemitischen Rußland eine akademische Ausbildung und die Arbeitserlaubnis in der Großstadt gewährt worden war. Er war ein kritischer Mann, stets um Integration bemüht; er hatte sich von den jüdischen Traditionen abgewandt, ohne jedoch ein orthodoxer und patriotischer Russe sein zu können. Richtig zu Hause war er nur in der schönen Literatur und in philosophischen Schriften. In seiner großen Bibliothek standen zwischen den Namen der Weltliteratur auch die Werke von Hegel und Marx. Die Mutter, Helena Jurewna Kagan, stammte aus dem Baltikum und sprach fließend Russisch und Deutsch. Sie war eine passionierte Klavierspielerin und schuf im Heim der Kagans eine etwas geschmäcklerische, aber gepflegte Salonatmosphäre. Gelegentlich veranstaltete sie Kammerkonzerte im Wohnzimmer, das mit Porträts und Gipsbüsten ihrer Lieblingskomponisten geschmückt war. Mit den beiden Töchtern unternahm sie Reisen in die böhmischen Kurbäder und wallfahrte, dem Wagnerkult ergeben, fast jedes Jahr nach Bayreuth. Alles Französische war irgendwie «von Welt», und die Kinder hatten ein französisches Kindermädchen. Elsas fünf Jahre ältere Schwester Lilja bediente sich schon beizeiten aus des Vaters Bücherschrank. Die ambitionierten literarischen Vorstöße ihrer Ältesten hielten die Kagans allerdings für frühreif: Sie hatte nicht nur all die dicken russischen Romane gelesen, sondern steckte ihre Nase auch in Schriften, die nur unterderhand weitergereicht wurden. Eines Abends, Elsa lag schon im Bett, stürzte Lilja aufgeregt ins dunkle Zimmer. «Razzia», flüsterte sie. Verwundert und erschrocken sah Elsa, wie die Schwester sich in hektischer Eile vor den Schrank kniete und einen Stapel Papier herauszog, damit aus dem Zimmer rannte und kurz darauf mit leeren Händen wiederkehrte. Sie setzte sich neben Elsa aufs Bett; die beiden Mädchen lauschten. Vor dem Haus waren die Schritte mehrerer Personen zu vernehmen. Wieder herrschte Stille, sie mußten stehengeblieben sein. Nach einer Weile entfernten sich die Schritte wieder. Die Schwestern atmeten erleichtert auf, aber jetzt begann Lilja plötzlich zu schluchzen: «Ich habe alle Bücher weggeworfen ...» Elsa begriff nicht genau, was da vor sich ging und was auf dem Papier gestanden haben mochte. Wohl aber spürte sie die Bedrohung, und sie hatte für immer gelernt, daß Wörter und Sätze eine Macht besitzen mußten, vor der sich sogar der Zar fürchtete.

«Futuristen» nannten sich ein paar Dichter, die um 1912 begannen, die literarischen Kreise Moskaus aufzuschrecken. Elsa ging noch zur Schule. Soeben war das Manifest «Eine Ohrfeige dem öffentlichen Geschmack» erschienen, in dem die «vorsintflutliche Ästhetik», die nur noch zur Zierde des Bildungsbürgers da sei, in einem einzigen Rundumschlag verworfen wurde. Unterzeichnet hatten es Wladimir Majakowskij, David Burljuk und Wassilij Kamenskij. Majakowskij war der Rädelsführer der drei Dichter, die ihr Jahrhundert in die Schranken fordern wollten. 1908 war er der Sozialdemokratischen Arbeiterpartei beigetreten und verstand sich als ihr Propagandist. Sein Markenzeichen war eine zitronengelbe Bluse. «Anzüge habe ich nie gehabt. Besaß zwei Hemden von scheußlichstem Aussehen. Erprobtes Verfahren: Verschönerung durch Krawatte. Kein Geld.» Auf dem Kopf trug er einen Zylinder, in der Hand schwang er einen Gehstock, im Mundwinkel hing meist lässig eine Papirossa. Elsa begegnete dem Goliath mit den pechschwarzen Haaren und Augen wie Kohle eines Tages bei Freunden, und seine vorlaute Art schüchterte sie vollkommen ein. Erstarrt vor ängstlicher Bewunderung, bekam sie kein Wort heraus. Wie Elsa hatte Majakowskij Literatur als politisches Werkzeug erlebt: «Besuch meiner Schwester aus Moskau. Eine Begeisterte. Steckte mir heimlich lange Zettel zu. Gefiel mir: äußerst riskant. Kann mich noch heute erinnern. / Der erste. / Halt ein doch, Genosse, du, Bruder, halt ein, / wirf hin dein Gewehr auf die Erde! / Das war Revolution. Das wurde mit Versen gemacht. Verse und Revolution flossen in meinem Kopf irgendwie zusammen.» Elsa und Majakowskij schlossen Freundschaft. «Ich war noch keine sechzehn Jahre alt, aber ich zeigte meinen Eltern so viel gelassene Unbekümmertheit darüber, ob nun mein Freund Majakowskij eine außergewöhnliche Erscheinung sei oder nicht, daß sie mich schließlich in Ruhe ließen und Majakowskij mehr oder weniger in der Familie aufgenommen wurde: Man behielt ihn zum Essen da und erlaubte ihm, bei mir zu zeichnen, womit er damals seinen Lebensunterhalt verdiente.» Nun kam er fast täglich, «war zu meiner Mutter von einer entwaffnenden, äußerst aristokratischen Höflichkeit, äußerte in Gegenwart meines Vaters nur das strikt Notwendige und erreichte beinahe, daß man über seine gelbe Bluse hinwegsah». Waren die Kagans auch fortschrittliche Leute, die ungebärdigen Auftritte der Futuristen gingen ihnen doch ein Stück zu weit. «Majakowskij machte mir den Hof, sprach sehr wenig und brummelte ständig etwas vor sich hin, wobei er plötzlich, vielleicht um einen Vers probeweise zu deklamieren, die Stimme hob … Ich brachte für diese nach innen gerichtete Arbeit neben mir nur wenig Interesse auf, kaum war mir klar, daß Majakowskij ein Dichter war. Häufig verlangte er von mir, ich solle Klavier spielen, und marschierte dann hinter meinem Rücken gestikulierend endlos auf und ab …» Majakowskij verließ Elsa meistens erst spät am Abend – um über eine Strickleiter zurückzukommen, sobald er von unten sah, daß das Licht im Schlafzimmer der Mutter verlöscht war.

Elsa hatte sich über beide Ohren in den Georgier verliebt. Ihr gefiel seine Intelligenz und die Art, wie er seine Hände bewegte; ihr imponierte seine Durchsetzungskraft und seine Stimme, die er einsetzte wie ein Instrument. Sie war fünfzehn, noch ein Kind, aber der drei Jahre ältere Majakowskij war in der Liebe bereits so megalomanisch wie in seinen Versen. Es konnte ihm auf Dauer nicht genügen, daß sie mit unentschlossenen Zärtlichkeiten auf seinen Knien saß; Elsas

Wladimir Majakowskij 1915: Zwischen dem hünenhaften
Revolutionsdichter aus Georgien und der kindlichen
Elsa war es Liebe auf den ersten Blick. Sie knüpften zarte
Bande ... bis Lilja auftauchte ...

Neugier auf die Liebe war so groß wie ihre Angst davor. Als Majakowskij sich einmal in Sankt Petersburg aufhielt, bat er sie zu kommen – vergebens. Er schrieb zurück: «Urteilen Sie selber, was für ein Scheusal Sie sind: haben einen Menschen zur Zärtlichkeit verlockt, und dann: ‹ich komme nicht.›» War er ihr nahe, fürchtete sie sich vor ihm. Wenn sie sich trafen, kam Elsa in Begleitung einer Tante oder ließ ihn stundenlang am Bahnhof stehen. Wenn sie kaum mehr damit rechnete, daß er auf sie wartete, stand er da wie eine Statue, rauchte, wedelte ungeduldig mit einer Zeitung und empfing Elsa mit zornigen Tiraden. Sie ließ ihn einfach zappeln. Verschobene Zärtlichkeiten waren die Verse, die er mit leiser, aber pathetischer Baßstimme vortrug: «Es wurde mir bewußt, daß Majakowskij Verse schrieb und daß ich diese Verse leidenschaftlich liebte.» Der erste Mann, in den sie sich verliebt hatte, war ein Dichter.

«In diesem Stadium tauchte eines Tages meine Schwester Lili auf.» Seit Elsa denken konnte, stand sie im Schatten der großen Schwester. Die sommersprossige Elsa war stets das niedliche Kind, Lilja immer schon die kleine Dame. Lilja wirkte gazellenhaft, Elsa pausbäckig, rund und rosig, was ihr den Kosenamen «Walderdbeere» einbrachte. Gab es für die Mädchen Geschenke, bekam Elsa eine Puppe und Lilja ein perlenbesticktes Handtäschchen. Schon mit dreizehn Jahren wurde sie von den Jungen umschwirrt. Lilja ging zum Ballettunterricht, und Elsa spielte Klavier, weil wenigstens das die Ältere verschmähte. Elsa kam es immer so vor, als habe Lilja ihr alles schon weg- und vorweggenommen, bevor sie selbst an die Reihe kam. Ihr Wunsch nach Anerkennung war so brennend, daß er sich zur Vision der eigenen Berühmtheit auswuchs. In ihren Träumen versetzte Elsa sich in die Rolle einer Sängerin, der die ganze Welt zu Füßen liegt. Doch statt lauthals zu singen, vergrub sie sich still in Mädchenbücher und vertraute ihre Sorgen einem Tagebuch an. Wenn gar nichts mehr half, um die Aufmerksamkeit der Eltern zu wecken, wurde Elsa krank. Daraus wurden die wiederkeh-renden Depressionen der Erwachsenen und die gleichstim-migen Klagen der Romanheldinnen: «Keiner liebt mich.»

Lilja hatte stets alle Anträge ihrer Verehrer – und es waren nicht wenige – ausgeschlagen. Unter allen Anwärtern hatte sie schließlich keiner so sehr überzeugt wie Ossip Brik, der väterliche Freund, bei dem sie sich eher geborgen als begehrt fühlte. 1912 heiratete Lilja diesen glühenden Marxisten, einst ihr Lehrer für politische Ökonomie am Gymnasium, jedoch seit 1905 vom Dienst suspendiert. Das Paar wohnte seit Herbst 1914 in Petrograd. «Eines Tages fragte sie mich, wer eigentlich dieser Majakowskij sei, der so oft käme, und ob mir viel daran läge, denn meiner Mutter mache das Kum-mer.» Elsa durchschaute Liljas Sorge um die Mutter – die Schwester interessierte sich selber für ihren Herzensfreund. Sie hatte Majakowskij, wahrlich ein Bild von einem Mann, zuvor bereits gesehen, doch damals lag Jurij Kagan im Ster-ben, und Lilja sorgte sich um andere Dinge als um die Be-kanntschaft mit fremden Männern. Elsa ahnte bereits mit Schrecken, wohin die Begegnung zwischen Lilja und Maja-kowskij führen könnte, aber selber wagte sie noch nicht zu lieben. «Als Majakowskij mich anrief, teilte ich ihm ganz ein-fach mit, ich könnte ihn nicht wiedersehen, weil Mama sich darüber gräme.»

Es kam der 15. Juli 1915, jener Tag, an dem Majakowskij, Lilja und Ossip Brik sich zum ersten Mal begegneten, für Maja-kowskij ein «Glücksdatum». Die rothaarige Lilja war eine auratische Erscheinung, und das wußte sie nur zu gut. Ihre Augen vermochten zu hypnotisieren – auch Majakowskij. Es war Liebe auf den ersten Blick. Ossip Brik schien die neue Leidenschaft seiner Frau nichts auszumachen: Die Premiere von Majakowskijs Poem «Wolke in Hosen» fand im Wohn-zimmer der Briks statt und versetzte alle Anwesenden in be-geistertes Staunen. Majakowskij pilgerte nach diesem Erfolg

Die beiden Brik-Schwestern: Die sommersprossige Elsa war stets das niedliche Kind, Lilja immer schon die kleine Dame.

ins finnische Mustamäki zu Gorki, einer anerkannten Autorität. «Las ihm Teile der ‹Wolke› vor. Gorki, in Rührung geraten, heulte mir die Jacke voll. Wirkung der Verse.» Nur dank Ossips finanzieller Geburtshilfe konnte das Gedicht, das niemand drucken wollte, noch im September erscheinen. Die Widmung lautete: «Für Dich, Lilja.» Dies war keine verborgene Liebeserklärung, sondern eine für alle lesbare Hommage, vom Ehemann der Muse stattgegeben. Lilja schrieb später: «Es war mir unmöglich, Volodja nicht zu lieben, weil Osja ihn so sehr liebte. Osja sagte, daß Volodja für ihn keine Person sei, sondern ein Ereignis. Volodja veränderte die Art, wie Osja über vieles dachte ... und ich weiß von keinen Freunden oder Kameraden, die ehrlicher zueinander gewesen wären oder einander stärker geliebt hätten.» Die Ehe der Briks war schnell zu einer Freundschaft und ausschließlich

45

geistigen Gemeinschaft geworden. So war Lilja äußerst empfänglich für die Avancen des virilen Majakowskij. Doch der Liebende sah sich in einer Zwangslage: Er wußte, daß er Elsa nicht tiefer treffen konnte.

Als sie ihn besuchte, war er sehr hysterisch, und mit den Worten «Geht zum Teufel, du und deine Schwester» scheuchte er sie hinaus. Elsa kannte ihre Rolle. Ihr blieb nichts weiter übrig, als den Sieg der großen Schwester zu billigen. Majakowskijs Briefe an sie waren nun mit «Onkel Volodja» unterzeichnet. Elsa empfand ihr Leben lang «eine grenzenlose Freundschaft» für ihn, die, wie sie sagte, Berge versetzen konnte, doch zwischen den konkurrierenden Schwestern wuchs die Haßliebe.

Elsa hatte nach dem Abitur ein Studium an der Moskauer Architekturschule begonnen – «ich interessierte mich nur noch für Mathematik und Malerei» –, doch ihre Freunde suchte sie im Kreise der Poeten. Weihnachten 1916 besuchte sie Lilja und ihre Männer in Petrograd, schweren Herzens. Eine ausgelassene Truppe versammelte sich um einen futuristischen Tannenbaum, der kopfüber an der Decke hing. Als die Feier in schönstem Gange war, alle gesättigt und erhitzt vom Wodka, aber bester Laune, preschte Majakowskijs Dichterfreund Wassilij Kamenskij vor und machte Elsa einen Heiratsantrag. Sie winkte ab, als hätte man ihr einen schwerverdaulichen Nachtisch angeboten – sie war einfach nicht verliebt. Insgeheim fürchtete sie sich vor einer Ehe, in der sie eine schöne Zugabe zu einem Mann wäre, eine treue Gattin, die sich die Zeit – wie ihre Mutter – mit dem Klavierspiel vertrieb, was zwar sehr schön, aber ganz unproduktiv war. Ihr graute vor einem Leben, so wie ihr Lieblingsautor Tschechow es in den «Drei Schwestern» darstellte, vor der Langeweile der durch ausgezeichnete Hauslehrer gebildeten Russin, der ein Mann nicht das Wasser reichen kann: «Erstens müssen die Männer zum Militär und irgendwelchen Idioten gehorchen. Zweitens haben die Frauen es im allgemeinen leichter im Leben; eine Frau darf dumm sein und muß von nichts eine Ahnung haben, das ist ohne Bedeutung, aber stell dir einen Mann vor, der Rechtschreibfehler macht ...»

Elsa litt an der fehlenden Liebe wie an einer unheilbaren Krankheit, dabei flogen ihr die Männerherzen zu. Viktor Schklowskij verzehrte sich nach ihr, aber der Glatzkopf war nicht ihr Typ; einer ihrer Schulfreunde, Roman Jakobson, der spätere Linguist, betete sie an. Er sprach von sich selbst, wenn er sagte, sie «verdrehte den Männern den Kopf und traf sie mitten ins Herz». Aber als Elsa ihn fragte, ob er sie wirklich liebe, antwortete er: «Eher ja als nein.» Solche Halbheiten hatten nichts mit der Bedingungslosigkeit zu tun, mit der Elsa von der Liebe dachte. Sie liebte Majakowskij gerade wegen seiner Kompliziertheit. Sie begehrte den gewalttätigen und intelligenten Revolutionsdichter ebenso wie den zartbesaiteten Romantiker. Im tiefsten Innern aber wußte sie, daß sie gar nicht einsam war – am meisten litt sie unter ihrer eigenen Unzugänglichkeit.

Als die Oktoberrevolution ausbrach, hatte Elsa gerade das Abschlußdiplom der Architekturschule erhalten. Lilja und Majakowskij zogen sich aufs Land zurück. Elsa hatte unterdessen Kontakte zur französischen Mission geknüpft. In diesen Kreisen verkehrte auch ein eleganter Offizier, André Triolet. Er gehörte zu einer Riege Militärs, die sich vor dem Weltkrieg hierhergeflüchtet hatten. Er buhlte um Elsa, führte sie aus und überreichte ihr teure Präsente – mit Erfolg. Man mag sich über den Entschluß der sonst so Widerspenstigen wundern – ihm reichte sie die Hand. Kühles Kalkül oder echte Gefühle? Alle hatten ihren Platz in der Welt, nur sie nicht. Elsa fühlte sich steinalt mit ihren zweiundzwanzig Jahren, und sie hatte das dringende Bedürfnis, eine Zukunftsentscheidung zu fällen. André Triolet konnte

Der französische Offizier André Triolet konnte Elsa etwas anderes bieten als die Russen: die Ferne. Sie wollte fort aus der Sowjetunion, fort aus dem Dunstkreis der Schwester, und der neue Ehemann nahm sie gleich mit bis ans andere Ende der Welt, auf die Südseeinsel Tahiti.

Während der kurzen Ehe auf der Südseeinsel lebten die Triolets im Stile von Kolonialherren. Aber Elsa ergriff bald die Flucht: nach Paris.

ihr etwas anderes bieten als die Russen: die Ferne. Sie wollte fort aus der Sowjetunion, fort aus dem Dunstkreis der Schwester, und der neue Ehemann nahm sie gleich mit bis ans andere Ende der Welt, auf die Südseeinsel Tahiti. Er war ein Kavalier, verwendete Sorgfalt auf seine Erscheinung und hatte Stil – äußerliche Eigenschaften, die schon das Bild des Mannes vorzeichneten, auf den Elsa noch zehn Jahre warten mußte.

Elsa und André Triolet heirateten 1919 in Paris, anschließend schifften sich die Jungvermählten nach Papeete ein. Jakobson brach es nicht das Herz. Ein kleiner Vierzeiler war sein Abschiedsgruß an sie:

«Ganz unter uns: Ich liebe dich
Ich möchte dir mein Herz ganz schenken.
Solltest du nach Tahiti fahren,
mein Unglück wär' nicht auszudenken.»

In der Inselhauptstadt lebten sie im Stile von Kolonialherren. Es gab zwar Bedienstete und keine strengen russischen Winter, doch das Paradies wurde Elsa schnell zur Hölle. Sie hatte sich von der kultivierten Erscheinung des Franzosen blenden lassen und fand sich nun genau da wieder, wo sie nicht hatte hingelangen wollen: in einer bürgerlichen Ehe, beschäftigt mit dem tahitianischen Personal, das nur die Hälfte von dem verstand, was sie sagte. Triolet besaß nicht Elsas musische Ader, er begeisterte sich für den Reitsport und, als die erste Verliebtheit aus der Ehe gewichen war, auch für die schönen Frauen der Insel. Elsa verbrachte ihre Zeit damit, zarte Aquarelle zu malen und französische Bücher zu lesen – vielleicht war darunter auch das Buch des späteren Gefährten: «Als Du 1918 begannst, Anicet zu schreiben, hatte ich gerade Moskau verlassen und dachte nicht ans Schreiben.»

Elsa kehrte 1921 nach Europa zurück, ernüchtert durch die Ehe mit einem Mann, «der keine Verse schrieb». Majakowskij war zu Hause inzwischen ganz in seinem Element, er teilte Elsa mit, daß er in seinen Veranstaltungen völlig aufgehe.

In den Jahren von 1922 bis 1928 bewegte sich Elsa wie ein Webschiffchen zwischen Moskau und Paris hin und her. «Alles, was ich besaß, war ein Schrankkoffer, mit dem ich die Reise nach Tahiti, *via* New York, New Orleans, San Francisco gemacht hatte.» Ihre Zwischenstationen waren London und Berlin. Nach dem Tode des Vaters Jurij Kagan hatte die Mutter eine Stelle bei der sowjetischen Wirtschaftsvereinigung ARKOS in London angenommen. Elsa folgte ihr in die englische Kapitale und arbeitete dort eine Zeitlang als Bauzeichnerin in einem Architekturbüro. Doch abgesehen von der schlechten Bezahlung und der leidlichen britischen Kost fehlten ihr auch in London die Freunde. Ende September 1922 kam sie nach Berlin, wohin es viele ihrer Freunde verschlagen hatte. Durch den Versailler Vertrag vom Westen isoliert, öffnete Deutschland sich dem Osten; die junge Sowjetunion ihrerseits suchte nach internationaler Anerkennung. Staatenlos gewordene Russen, die zwar keine Untertanen des Zaren mehr waren, aber auch noch nicht als Staatsbürger der Sowjetunion anerkannt wurden, erhielten den sogenannten Nansenpaß. Durch die Abwertung der Mark rollte der Rubel. In Schaufenstern hing das Schild «Man spricht Russisch», die Russenmode war der neueste Schrei: Tuniken, bauschige Ärmel, Pelzmützen. In Schöneberg traf man sich im Kabarett «Der blaue Vogel», im Café Léon und der Prager Diele. Der Bus, der über den Kurfürstendamm rollte, wurde nur noch «Russenschaukel» genannt, und Charlottenburg hieß im Volksmund Charlottengrad.

Auch Majakowskij stellte sich ein. Er wurde wie ein Sendbote aus der revolutionären Sowjetunion gefeiert und erschien zusammen mit Lilja, seiner Dolmetscherin. Er ließ ihr täglich enorme Blumensträuße auf das Zimmer im Kurfürstenhotel kommen, in dem auch Elsa abgestiegen war. Ihre verhinderte Liebe zu Majakowskij war eine Wunde, die immer wieder aufriß, wenn sie ihn mit Lilja sah. Das Verhältnis zwischen den guten Freunden war äußerst gespannt: «Majakowskij traf ich nur selten, dann aber suchte er sich mit mir zu zanken.» Also ging Elsa ihm lieber aus dem Weg: «Ich mietete in einem ausgefallenen Stadtviertel zwei Zimmer. In dem einen befanden sich eine ausgestopfte Ente, ein Diwan mit einem vielstöckigen Umbau und an der Wand eine Waffensammlung. Im Schlafzimmer stand ein riesiges zweischläfriges Bett, ebenfalls mit Umbau.» Das ausgefallene Stadtviertel, Kreuzberg, lag abseits der Drehscheibe der russischen Emigrantenkolonie: «In der neuen Wohnung habe ich mich eingelebt. In meiner Gegend wird nur deutsch gesprochen. Um hierherzugelangen, muß man, woher man auch kommt, unter zwölf eisernen Brücken hindurchgehen. Das wird die Leute abschrecken, von den ‹Linden› aus einen Katzensprung zu mir zu machen.»

Viktor Schklowskij, damals auch in Berlin, fand den Weg zu Elsa allerdings öfter, als ihr lieb war. Er war ein ausdauernder Buhle, der Elsa trotz ihrer abweisenden Art so lange mit Worten und Geschenken bearbeitete, bis es ihr lästig wurde. Sie ließ ihn ein für allemal wissen: «Uns trennen die Lebensformen. Ich liebe dich nicht und werde dich nie lieben.» Die Gegenwart von Lilja und Majakowskij führte ihr schmerzhaft vor Augen, was sie in einer liebenden Partnerschaft mit einem Mann suchte: «Mir scheint, daß es gut wäre, einen Mann zu heiraten, mit dem irgendeine gemeinsame Arbeit möglich wäre. Das muß außerordentlich sein.» Elsa werden Affären nachgesagt – in der Berliner Zeit mit Carl Einstein und Abraham Wischniak, einem Mitarbeiter des Helikon-Verlags. Darüber jedoch sprach sie nie – die erotischen Begegnungen stillten nur für Momente die Sehnsucht nach einem Mann, der ihr Leben teilte. Später dann überstrahlte das Licht der Legende vom ewigen Paar Elsa Triolet und Louis Aragon das Liebesleben ihrer einsamen Vergangenheit. «1923 waren wir beide in Berlin», schrieb sie. «Ich stelle mir vor, wie Du durch eine Drehtür eines der Kaffeehäuser am Kurfürstendamm betratst, während ich gerade hinausging. Wir sind uns in Berlin nicht begegnet.»

Mehr als um Liebschaften sorgte sich Elsa um ihre Zukunft. Als Architektin wollte die Freundin der Poeten offenbar gar nicht mehr arbeiten. Schklowskij erkannte, wie sehr die Frau ohne Beruf, wie er sie hin und wieder nannte, sich in Berlin langweilte. Sie las und schrieb, jedoch ziellos, ohne rechte Idee. Tagsüber vertrieb sie sich die Zeit in den vielen russischen Cafés und Buchhandlungen, abends schwang sie das Tanzbein oder besuchte ein Atelierfest bei dem konstruktivistischen Maler Ivan Puni, für den sie eine Zeitlang schwärmte. Schklowskij hatte das Liebeswerben aufgegeben, um so stärker drängte er nun darauf, daß sie Bücher schreiben solle – wenigstens auf diese Weise wollte der verhinderte Liebhaber ihr Wohltäter sein. Doch Elsa wußte nicht, worüber. Der Zufall kam dem Wohlmeinenden zu Hilfe. Er setzte seiner Liebe zu Elsa ein literarisches Denkmal: «Zoo oder Briefe nicht über die Liebe» hieß ihr Abgesang, ein Briefroman. Sicher nicht ohne Hintergedanken brachte er darin drei Briefe unter, die Elsa ihm im Laufe der Zeit geschrieben hatte.

«Zoo» erschien, und Maxim Gorki, der gerade in Bad Saarow bei Berlin lebte und bei dem Elsa und Schklowskij oft zu Gast waren, zeigte sich begeistert von dieser eigentlich nicht zur Veröffentlichung bestimmten Prosa. Er ermunterte ihre Urheberin zum Schreiben – und Gorkis Zuspruch war der Startschuß für Elsa. Das Schreiben ging ihr nun wesentlich leichter von der Hand als zuvor. Sie hatte Aragons «Libertinage. Die Ausschweifung» gelesen: «In der Zeit als Du es schriebst, fing ich schüchtern mit A Tahiti an.» Es war ein sozialkritisch gefärbter Bericht über das Leben auf der Insel. Gorki gab diesem Manuskript seinen Segen, und Elsa nahm Kontakt mit Verlegern in Moskau auf.

1925 erschien «A Tahiti», 1926 ein erster Roman «Fraise-des-Bois», 1928 ein zweiter, «Camouflage». Alle Bücher wurden in hohen Auflagen zwischen 3000 und 5000 Exemplaren bei bürgerlichen Moskauer Verlagen publiziert, die – im Gegensatz zu dem auf Erfüllung des Parteiprogramms bedachten Proletkult – mehr Wert auf künstlerische Form und Unterhaltung legten. Das Moskau, in das Elsa wegen jeder Buchveröffentlichung zurückkam, hatte sich noch nicht vollständig von den Wirren der Revolution erholt und «fing gerade erst mit Kuchenessen an», wie sie feststellte. An das Leben aus dem Koffer war sie inzwischen ja gewöhnt. Sie kam in Majakowskijs ehemaligem Zimmer in der Lubjanskij-Gasse unter, mitten im Moskauer Armenviertel. «Es war gemütlich, warm und schmucklos, roch auch immer ein bißchen nach Kramladen.» Es war ein Tiefschlag für Elsa, daß «Camouflage» keine Leser fand. Isaak Babel, mit dem sie das Manuskript durchgegangen war, hatte sie gewarnt: Es habe stilistische Schwächen. Sie ließ sich schnell wieder ernüchtern: «Ich habe mit Schreiben aufgehört, und es war wohl nicht viel wert, denn (fürchterliches Eingeständnis!) ich habe immer nur zum Zeitvertreib geschrieben, weil ich nichts Besseres zu tun hatte. Ich dachte nicht mehr daran, fertig, Schluß. Es war besser so, denn das Werkzeug, das ich besaß, stellte sich als untauglich für das Gespräch mit meinen Lesern heraus: die Sprache!» Das Leben als Schriftstellerin war offenbar ein Strohfeuer gewesen. In Moskau war kein Platz für Elsa. Sie blieb eine irrende Seele. «Ich hatte Paris schon im Blut.»

1928 beschloß Elsa, in Paris zu bleiben, auch wenn Schklowskij ihr riet, nach Moskau zu kommen, dort gebe es für einen angehenden Schriftsteller mehr zu tun als in Frankreich, wo sie doch nur die feine Dame spielen könne. Aber gerade das wollte sie ja. In der Sowjetunion gab es jetzt zwar ein paar Karotten, aber wo bekam man Lippenstift?

Majakowskijs Besuche in Paris wurden zu einem kleinen Drama für Elsa. Er stieg bei ihr im Istria ab, beide waren die ganze Zeit zusammen, aber dauernd war die Rede von Lilja. Majakowskij bat Elsa, mit ihr *articles de Paris* einzukaufen, Parfums, Foulards, Pralinen – für Lilja in Moskau. Die Schuhe, die sie in einem feinen Warenhaus anprobierte, paßten wie angegossen – doch sie waren für Lilja. Elsa blieb das Aschenputtel in dieser schiefen Dreieckskonstellation.

Am 4. November 1928 waren zwei Männer in der Coupole zu einem literarischen Gipfeltreffen verabredet, Wladimir Majakowskij und Louis Aragon, der darauf brannte, den schöpferischen Agitator kennenzulernen. «Die Begegnung mit Majakowskij und mit Elsa haben gar nichts miteinander zu tun. Es war Zufall: daß ich Majakowskij traf, weil ich ein Café betrat, wo er saß, und in das ich genausogut nicht hätte hineingehen können, und daß ich an selbigem Ort am Vorabend Elsa traf, die ich nicht kannte.» Aragon wußte noch nicht, daß dieser Majakowskij ein Freund der Frau war, mit der er ein ganzes Leben verbringen würde.

Raritätenkabinette

«War das eben erschienene Buch Camouflage nicht auch die Geschichte eines Schiffbruchs, ein Prolog zum Selbstmord?» fragte Aragon später und schloß: «Wir waren reif für unsere Begegnung.» So harmonisch, wie die Biographien der beiden «Liebenden des Jahrhunderts» im nachhinein miteinander verschmelzen, war der Alltag anfangs nicht: «Als wir uns kennenlernten, war ich unmöglich», gestand der Siebzigjährige in einem Interview. «Sie brauchte jede Menge Geduld, um mich zu ertragen, eine Geduld, die sie nicht immer in dem Maße besaß wie in jenen Tagen. Elsa hatte es mit einem Mann zu tun, der eine Welt verließ, um in eine andere einzutreten. Sie brauchte Geduld, um die Gewohnheiten beider zu ertragen. Sowenig wie sie die Bedingungen des Surrealistenmilieus dulden konnte, sowenig war sie eine Kommunistin.»

Elsa packte wieder einmal ihre Koffer, diesmal nicht, um nur das Hotelzimmer zu wechseln, sondern um bei Aragon einzuziehen. «Als sie das erste Mal in die Rue du Château kam, konnte er ihr nur mühsam die Tür öffnen, der gemeinschaftliche Schlüssel, der an seinem üblichen Platz hing, glitt ihm aus den Händen, als er ihn gerade gegriffen hatte. Sie richtete sich in dem Zimmer ein, dessen Wand verkündete: *Wer verliebt ist, beschreibt Mauern.*» Der Name der Straße, der an ein Schloß denken läßt, machte der Wohnung keine Ehre. Elsa und Louis hausten gemeinsam in einem Zimmer auf der ersten Etage. An Enge war sie ja gewöhnt, doch mußte sich Elsa wohl oder übel damit abfinden, daß die Rue du Château kein Ort für stille Zweisamkeit war. Immer hatte

Aragon jemanden im Schlepptau, Breton oder Thirion. Elsa störte das Gefolge ihres Geliebten – seine Freunde wiederum sahen in Elsa einen Eindringling in ihre Welt. Das Haus in der Rue du Château war im Stil der Zeit eingerichtet und ein surrealistisches Raritätenkabinett, vollgestopft mit skurrilen Fundsachen vom Flohmarkt, afrikanischen Masken und im Schutze der Dunkelheit abgeschraubten Ladenschildern: «Trockengemüse soeben eingetroffen». Zwei Katzen strichen durch die Räume. «In einem mit Kinoplakaten tapezierten Winkel – wo sich die Blicke von Vamps und gezogene Colts auf einen richteten – war eine kleine, stets gut ausgestattete Bar eingebaut.» An das Geräusch der Züge vom nahen Güterbahnhof hätte Elsa sich gewöhnen können, aber Sadouls Freundin Cora riß Elsa jedesmal aus dem Schlaf, wenn sie mitten in der Nacht betrunken und hungrig ins Haus einfiel und laut schreiend nach einem Teller Spaghetti verlangte. «Leute kommen und gehen, Türen schlagen, du sitzt da wie auf einem Stecknadelkopf, hast nichts, was dir gehört, weder in der Hosentasche noch im Herzen. Wie soll man etwas für sich haben, wenn man in einer Art öffentlichem Durchgang wohnt?» Sie fühlte sich ausgelaugt von den Blicken, Vorurteilen und eitlen Plaudereien der Leute. «Und du trägst deine Misere hinaus auf die Straße, genau wie alle anderen, so stolz, so eitel, ganz so, als hätten sie ein Ziel im Leben, einen Sinn, als würde tatsächlich etwas geschehen! Sie alle starren gierig auf die Tür eines Kaffeehauses, in der Hoffnung, einen wundervollen, verzauberten Menschen eintreten zu sehen, der ihr unsägliches, eingefrorenes Leben schlagartig verändert ...» Doch wenn hier jemand hereinkam, war es nur wieder einer dieser intellektuellen Clochards auf der Suche nach einem Unterschlupf.

In der Rue du Château jagte ein Fest das nächste. Sadoul erinnert sich, daß zu Silvester eine kleine Feier zu Ehren von «Madame Triolet» stattfand. «Aragon und ich hatten, als eine Art Altar, versilberte Blumen, die wir auf der Place Saint-

Sulpice gekauft hatten, in den als Schrank dienenden Bauch eines merkwürdigen Männchens aus Pelz gesteckt, offenbar ein Tabernakel für schwarze Messen, das Raymond Queneau auf dem Flohmarkt gekauft hatte, und das Unglück bringen sollte.» Einmal war auch Majakowskij zu Gast und trug seine Poeme vor. Die Männer fielen zuerst über den Inhalt der Bar, dann übereinander her – mit harten Worten und mit blanken Fäusten. Der Vorrang poetischer Verfahren wurde heiß umkämpft: Breton vermißte die Träume in Majakowskijs Zeilen, fand sie zuwenig surrealistisch, und Majakowskij zweifelte, ob die Surrealisten mit ihren Aktivitäten je die Massen erreichen würden.

Kein Vierteljahr verging, bis das Paar die Gemeinschaftswohnung verließ, um in ein prächtiges Atelierhaus neben dem Hotel Istria in der Rue Campagne-Première einzuziehen. Die runden Fenster erinnerten an Bullaugen eines Schiffes, die Fassade war mit Fayencen verkleidet, und vom Dach herunter blickten steinerne Grazien. Wieder gab es nur ein einziges Zimmer, mehr konnten sie sich nicht leisten, aber es war immerhin größer als das in der Rue de Château, und aus dem Fenster sah man in die Anlage eines ehemaligen Klostergartens. Größter Luxus war ein Schrank, in dem sich ein Waschbecken verbarg, und mit einem Paravent trennte Elsa eine Kochnische ab. Hier waren sie allein zu zweit, surrealistische Versammlungen wurden hier nicht abgehalten, einzelne Besucher kamen und respektierten, daß Aragon beschlossen hatte, ein neues Leben an der Seite dieser Frau zu führen. Sadoul schwärmte von den Kochkünsten der Russin: «Oft lud sie mich zum Essen ein. Sie öffnete eine Dose geräucherter Sprotten in Öl, aus Riga, hergestellt in der UdSSR, servierte Hacksteaks mit gezuckertem Salat und Salzgurken auf russische Art. Hinter ihrem Paravent kochte sie wunderbar.» Sie besaßen nur wenige Möbel, dafür um so mehr Bücher. Davor, auf den Regalbrettern standen Negerobjekte Spalier, «eine Holzbarke von den Marquesas, ein vielfarbiges Götzenbild aus Neu-Mecklenburg mit verschränkten Armen». Zu Elsas Photos gesellte sich die berühmte Mona Lisa, von Marcel Duchamp mit einem Schnauzbart versehen. Eine Wand bedeckten «ein großer Tanguy; ein Picabia mit weißen und goldenen Maschinen; ein kleiner, winziger und komplizierter Dalí mit Radfahrern und Löwenköpfen». Viele Gemälde und Objekte sind seit jener Zeit wertvoll geworden, aber damals hatten sie kaum genug Geld, um zu zweit auszukommen, ungefähr tausend oder tausendfünfhundert Francs monatlich als feste Summe.

«War sie bis jetzt ein abstraktes Wesen geblieben, so hatte sie nun einen wirklichen Liebhaber, ein echtes Domizil ...» Die Sehnsucht nach Liebe, die Elsas Romanheldinnen umtreibt, entsprach ihrer eigenen Sehnsucht nach Heimat, die stärker war als der Gedanke an ihre berufliche Selbständigkeit – und so verhält sich Elsa wie die meisten Frauen ihrer Zeit. «Ich lebe im Atelier. Ich habe es eingerichtet, Vorhänge genäht, Nägel eingeschlagen, Sachen in Kisten verstaut. Immer zu zweit, immer. Glück. Mit oder ohne Geld, gesund oder krank, beständiges Glück. Er liebt mich, was will ich mehr? Keine Fremden, weder Männer noch Frauen. Außer Nancy.»

Leider war Aragon ein Mann mit zuviel Vergangenheit für die Zukunft, wie Elsa sie sich vorstellte. Mit Nancy Cunard hatte er zwei Jahre verbracht, so lange wie mit keiner anderen Frau zuvor, sie hatten zusammen übersetzt, fremde Länder gesehen, und die wilden Streitereien, denen immer wieder die Versöhnung folgte, sprachen für eine Leidenschaft, die Elsa bei Aragon nicht empfand – nicht empfinden konnte: «Ich glaube nicht an die *Gefühle*. ‹Dieses› kann ich nicht ändern.» Nancy besaß einen kleinen Verlag im Quartier Latin, die Hours Press. War Aragon abtrünnig, konnte Elsa sicher sein, daß er sich allein oder mit anderen Surrealisten dort oder in ihrer Wohnung auf der Ile Saint-Louis aufhielt, und manchmal schlief Elsa mit ihrer Eifersucht ein, bevor Aragon zurückkehrte. Sie hatte allen Grund, mutlos ihr Tagebuch zu befragen: «Wie kann er mich so quälen, wenn er mich wirklich liebt? Mit aller Zurückhaltung habe ich ihn gebeten, sie weniger zu sehen, nicht so lange zu bleiben. Nur darum habe ich ihn gebeten. Jetzt werde ich ihn um gar nichts mehr bitten. Es gelingt mir nicht, meine Nerven zu beruhigen.» Gab es auch handfeste Gründe für Elsas Bedrückung, sie wußte auch, daß die Schwermut sie niemals restlos verlassen würde. «Wir sind noch immer zusammen. Ich wage nicht einmal zu denken, wenn ich bei ihm bin, als könne er Gedanken lesen. Mit einem Wort, er hindert mich am Denken. Und wie seine Liebe für mich auch immer beschaffen sein mag, wie groß sie auch sein mag – immer ist sie mir zuwenig, und nie ist es mir recht.» Unter dem Datum des 8. April 1929 notierte sie: «Natürlich hat sich alles sehr verändert. Wir führen ein gemeinsames Leben. Wir ziehen um vom Istria ins Atelier – zu zweit. Das ist ein unglaubliches Ereignis in meinem Leben. Aber meine angeborene List macht es dem Unglück leicht. Ich habe keinen Glauben, zweifle alles an, verdächtige alle und jeden – aber was geschähe, wenn ich abreisen würde?» Sie erwog die Möglichkeit, ihre Taschen zu packen und bei nächster Gelegenheit mit Majakowskij nach Moskau abzureisen. «Aber wem überlasse ich den Jungen dann, und was wird aus mir? 32 Jahre usw. Das ist unmöglich, schwierig und ausweglos.»

Elsa blieb. Sie dachte an Moskau. Was hätte sie in der Heimatstadt erwartet? Majakowskij und Lilja waren kein Liebespaar mehr. Majakowskijs so leidenschaftliche wie unglückliche Affäre mit der Schauspielerin Veronika Polonskaja hatte ihn dem Kreis seiner Wahlfamilie entfernt. Obwohl er stets versicherte, Lilja sei seine einzige Liebe, war sie eben nicht mehr die einzige. Das Ideal geistiger Gemeinschaft zwischen Mann und Frau war eben doch nur ein Glücksmoment in der Liebe – wo das Begehren wegfiel, kamen neue Verliebtheiten samt Liebesleid. Elsa hätte Lilja und Ossip in bedrückter Stimmung angetroffen, und sie selbst würde sich erneut als fünftes Rad am Wagen fühlen. Sich von Aragon und Paris trennen, das würde bedeuten, die Bilder wieder von der Wand zu nehmen, wieder allein durch Paris zu irrlichtern und ihren Traum von der Liebe in ephemeren Geschichten aufzuschreiben, deren Ende sie schon absehen konnte, bevor sie begannen. Im Autor des «Bauern von Paris» hatte sie den Wahlverwandten erkannt. «Ich ist ein Anderer», hatte Rimbaud geschrieben: Auch Aragon, der Autor des bewunderten Buches, war ein anderer als der Mensch, den sie nun immer besser kennenlernte. Aber so wie Aragon einst eine Wette mit sich abgeschlossen hatte, beschloß Elsa für sich, es mit dem gemeinsamen Leben aufzunehmen. Diese Nüchternheit, Elsa immer wieder vorgeworfen, wurde das Fundament der beginnenden Liebe des Paares, und die Überzeugung, daß sie füreinander gut und nützlich seien, schloß das Gefühl nicht aus. Elsa verstieß, und das auch noch als Frau, gegen die romantischen Vorstellungen des Surrealisten, wonach Herzensentscheidungen und Vernunftgründe einander ausschließen.

Zu Aragons täglichen Ritualen gehörten nach wie vor die surrealistischen Treffen in der Rue Fontaine oder im Stammcafé, seit neuestem im Cyrano an der Place de Clichy, unweit von Bretons Wohnung. Aragon war stolz auf seine neue Freundin, und er drängte sie, ihn zu begleiten. Elsa tat dies meistens mit einem Gefühl von Unbehagen. Einmal machten sie sich auf den Weg von Montparnasse nach Montmartre, quer durch Paris. Das war typisch Breton, dachte Elsa, wo man sich traf, bestimmte allein er. Dann kamen sie an, und man konnte ihn schon von weitem schwadronieren hören: «Nicht die proletarische Kultur ist revolutionär, sondern der Furor des Geistes!» Um den Tisch im Cyrano versammelte sich die übliche Truppe, darunter Bretons treuester Freund Benjamin Péret, dann Paul Éluard und seine Frau Gala, Max Ernst, ebenfalls in Begleitung seiner zweiten Frau, Marie-Berthe, einer kapriziösen Französin, und hin und wieder schmückte Yves Tanguy mit seinem zu einem Pinsel gestutzten Haupthaar die Runde. Heute setzte sich Elsa zwischen Aragon und Desnos. Der Beitritt einiger Mitglieder zur Partei war soeben kläglich gescheitert, und nun spitzte sich alles auf die Frage zu, ob sie Surrealisten oder Kommunisten seien. Während man einen Aperitif nach dem anderen trank, wurden die weiteren Schritte in Richtung auf das politische Engagement diskutiert. Am Ende blieb offen, was der Surrealismus eigentlich mit der Revolution zu tun habe. Elsa hätte einiges dazu sagen können, aber daß die Frauen ihre Meinung kundtaten, schien hier nicht üblich zu sein. Gala, immer mit einer neuen bizarren Hutkreation auf dem Kopf, funkelte die Herren aus schwarzen Augen an. Sie war Russin wie Elsa, aber zwischen den beiden Frauen lagen ganze Welten. Gala ließ es sich doch tatsächlich gefallen, wenn Éluard am Stammtisch prahlte, welch Naturtalent sie im Bett sei. Schon um Distanz zu bekunden, gewandete Elsa sich in hochgeschlossenen Blusen eher züchtig und blieb zeitlebens ihrer Hochsteckfrisur treu, komplizierte Zopfgebilde oder ein strenger Knoten, was ihr rundliches Gesicht betonte. Sie wollte kein erotisches Objekt sein, sondern ernstgenommen werden. Nie trug Elsa ihre erotischen Wünsche nach außen – das war ein Leben lang kein öffentliches Thema für sie. Gala und Marie-Berthe nippten stumm an ihren Getränken, und Katja, Thirions Freundin, schien tatsächlich nichts dagegen zu haben, daß ihr Geliebter in regelmäßigen Abständen vor aller Augen seine Pranke auf ihrer Brust plazierte. Er merkte, daß Elsa dies unangenehm berührte – doch es handle sich um ein surrealistisches Ritual, erklärte er ihr, ohne dabei die Hand von Katjas Busen zu nehmen. «Nun, dann verstehe ich vom Surrealismus wohl nichts», konterte Elsa grimmig. Sie mochte Breton nicht, dieser Wichtigtuer wich ihren Blicken auch immer aus. Sie spürte sein Mißtrauen, wahrscheinlich hielt auch er Elsa für eine sowjetische Spionin, eigens damit beauftragt, die Machenschaften der Surrealisten aufzudecken. Natürlich war auch Eifersucht im Spiel: Aragon und Breton hatten sich lange Zeit brüderlich dieselbe Geliebte geteilt – die Sprache. Überdies lebte Breton gerade in Scheidung von seiner ersten Frau Simone; daß Aragon nie mehr ohne diese Russin aufkreuzte, hob nicht gerade seine Laune. Breton spürte, daß diese Frau seine Konkurrentin war. Elsa beobachtete ihn: Er war ein Despot, und Aragon ließ sich von ihm bevormunden. So gut kannte Elsa ihren Aragon schon: Der Traumwandler, dessen Phantasie nach allen Seiten ausschlug wie eine durchgedrehte Kompaßnadel, suchte jemanden, der ihn bei der Hand nahm und ihm und seinem Talent die Richtung wies.

In der *Révolution surréaliste* wurde eine Umfrage lanciert: «Welche Hoffnung setzen Sie in die Liebe?» Elsa wurde nicht gefragt. Sie urteilte streng für sich: «Die Surrealisten, die einmal eine Umfrage über die Liebe gemacht hatten, akzeptierten die Teilnahme von Frauen keineswegs.» Als sie das nächste Mal im Cyrano saßen, wurden wieder Papier und Stifte ausgepackt. Elsa wußte schon, was das bedeutete: Wenn den Burschen nichts Neues einfiel, erfanden sie einen weiteren «exquisiten Leichnam», einer malte hinter vorgehaltener Hand einen Kopf, faltete das Papier um und reichte es dem Nebenmann, auf daß dieser mit dem Hals fortfahre … Hatte sie solche Sachen nicht schon mit Lilja im Kinderzimmer veranstaltet? Noch machte Elsa gute Miene zu den surrealistischen Spielen. Einer kam auf die Idee, jeder solle ein Objekt herstellen, das die intimsten Phantasien verrate. Gala machte sich ans Werk und arrangierte allerhand Kleinteiliges, Schwämme und spiralförmige Drähte, aber Elsa notierte nur: «Wie alle anderen wollte ich zu Zeiten des Surrealismus ein ‹erotisches Objekt› herstellen, es sollte ein

Aquarium sein (ich hatte nie Geld, um es zu kaufen), mit blauem, lauwarmem, fast heißem Wasser ...»

Die *Révolution surréaliste* zierten rote Münder – die Abdrücke von Thirions Freundin Suzanne, von Gala, Jeannette Tanguy, Marie-Berthe und von Elsa. Das blieb ihr einziges – stummes – Lippenbekenntnis zum Surrealismus. 1928 waren es Abschiedsküsse: Dies war die letzte Nummer der Zeitschrift. 1929 wurde sie von einer Zeitschrift abgelöst, die einen konsequenteren politischen Kurs verfolgte – schon der Titel verrät die stärkere Anpassung des Surrealismus an die Revolution: *Le Surréalisme au service de la Révolution*. Auf dem Titel keine roten Münder, sondern ein Telegramm an das Moskauer Literaturbüro, mit dem die Surrealisten sich verpflichten, «sich im Falle eines imperialistischen Angriffs gegen die UdSSR den Direktiven der 3. Internationale zu unterstellen». In einer zweiten Fassung des surrealistischen Manifests unterstrich Breton die Solidarität des Surrealismus mit der Sowjetunion, doch betonte er auch seine Übereinstimmung mit Trotzki – aber der war seit 1927 aus der Partei ausgeschlossen und ging 1929 ins Exil. Für Elsa war das noch lange kein Grund, sich zu begeistern. Wie auch immer die Surrealisten den Kommunismus drehten und wendeten – genau besehen war Elsa ja gar nicht daran gelegen, sich mit ihnen zu solidarisieren – im Gegenteil, sie wollte ihnen etwas entgegensetzen. Sicherlich ging ihr die politische Naivität ebenso auf die Nerven wie die unhaltbare Hierarchie zwischen Männern und Frauen in der Gruppe. «Sowenig wie sie die Vorschriften ertrug, die im Surrealistenmilieu herrschten, sowenig war sie Kommunistin. Das heißt, sie war nicht in der Partei», schreibt Thirion, dem Elsa einmal sagte, sie könne gar keine Kommunistin sein, da sie die Revolution aus der Nähe erlebt habe. Schklowskij war in die Heimat zurückgegangen, er mußte seine Bibliothek verheizen, um durch den Winter zu kommen, und Lilja wirkte auf den Photos, die sie der Schwester schickte, nicht schlank, sondern mager.

Nichtsdestoweniger glaubte Elsa an die Notwendigkeit der Befreiung der unterdrückten Klassen – und sie wußte auch, daß Kompromisse mit der Partei unumgänglich waren, wenn man als Schriftsteller an der Politik beteiligt sein wollte.

«Als es auf die dreißiger Jahre zuging, machten wir beide eine Zeit durch, die schlecht fürs Schreiben war. Meine Gründe liegen klar in meiner Biographie: die Entwurzelung, der Wechsel von einer Sprache in die andere. Aber Du ... Ich sah Dich nie schreiben, unbeweglich und zugleich rasend wie einer, der es eilig hat und seinen Weg nicht findet. Du hast Schätze gehütet, aus Furcht, sie in aussichtslosen Vorhaben zu vergeuden.» Aragon verzettelte sich in kleinen Texten. Unter dem Titel «1929» veröffentlichte er in der Zeitschrift *Varietés* zusammen mit Péret eine Sammlung erotischer Gedichte, mit passenden pornographischen Photographien von Man Ray. Ihm blieb wenig Zeit für die Literatur, weil er zwischen 1927 und 1933 einen Artikel nach dem anderen für verschiedene Zeitschriften produzierte; doch war dies auch eine willkommene Ablenkung von der Schriftstellerei, für die er noch keine neuen Prämissen gefunden hatte. Durch seine Bindung an Elsa aber hatte Aragon in den Augen der Partei an Seriosität gewonnen. Daß sie als treues Paar auftraten, entsprach der Prüderie des sozialistischen Systems, mit dessen rationalistischen Lehren sich Sexualität und unkontrollierbare Emotionen schlecht vertrugen. Man sah gnädig über seine ausschweifende Vergangenheit hinweg, seine homoerotischen Neigungen und seine mögliche Affäre mit Drieu la Rochelle, die surrealistische Libertinage und sein exzessives Nachtleben. Man sah, daß Elsa und Aragon anders lebten als die anderen Surrealisten: eine eigene Bleibe, keine Seitensprünge, keine Verirrungen mehr. Sobald sie ein Paar waren, hörten auch Aragons Prahlereien auf. Was er mit Elsa erlebte, gehörte nicht mehr an den Stammtisch.

Im Februar 1930 eröffnete die neue Bar Maldoror, benannt nach den Gesängen Lautréamonts. Die Surrealisten brachen

André Breton (stehend, vierter von links) beargwöhnte Elsa: Sie schaffte es, den einstigen Freund in ihren Bann und von den Surrealisten fortzuziehen.

geschlossen zu einem Rachefeldzug auf, weil der Besitzer die Frechheit besessen hatte, den Namen des hochverehrten Dichters für solch profane Zwecke zu mißbrauchen. Einige verschafften sich gewaltsam Einlaß, die vornehme Abendgesellschaft floh samt Sektflöten in der Hand auf die Straße, Tische und Stühle gingen zu Bruch, und als Ende des Liedes ertönte wieder einmal das Geheul von Polizeisirenen. Mitten im Tumult ergriff Elsa Aragons Hand und zerrte ihn ins Freie, wo sie aus gebührender Entfernung den Ausgang der Saalschlacht beobachteten. Wirklich zum letzten Mal hatte Elsa sich dazu hinreißen lassen, Aragon zu Veranstaltungen dieser Art zu begleiten.

Inzwischen schrieb Aragon für das Organ der KPF: «Damals verdiente ich bei *L'Humanité* vierzehn Francs monatlich.» Das entsprach kaum dem Lohn eines Arbeiters. «Wir hatten nicht jeden Tag etwas zu essen … Damals nahm Elsa jede Arbeit an, sie war zunächst Sekretärin und dann Statistin bei verschiedenen Filmaufnahmen, wozu Luis Buñuel ihr verholfen hatte. Es wurde nicht schlecht bezahlt, besser als meine eigene Arbeit – aber es reichte gerade, um die Zugehfrau zu bezahlen, auf die sie zunächst nicht verzichten konnte. Schließlich zog sie es dann doch vor, den Haushalt selber zu machen.» Dies waren auf Dauer wirklich nicht die Beschäftigungen, die Elsa sich wünschte. Ehrenburg machte sich lustig: «Du, eine Sekretärin? Du wirst doch deinen Chef in die Galeries Lafayette schicken, damit er dir Haarnadeln besorgt! Und das Schönste ist, er würde auch noch hinrennen!»

«Frau ohne Beruf», hatte Schklowskij sie genannt. Auf ihren Gängen durch die Stadt verweilte Elsa lange vor den Kulissen des Luxus, den Schaufenstern der Modehäuser, die in jenen Jahren die Stadt eroberten. Aragons Einkünfte reichten bei weitem nicht aus, um beide zu ernähren, wie konnte sie sich da leichtsinnig ein teures Kleid kaufen? So träumte sich Elsa in eine Robe von Chanel; die Accessoires auf den Cardigans ihrer Namensvetterin Elsa Schiaparelli fand sie witzig. Der Heimweg führte sie stets durch das Sentier, jenes Viertel von Paris, wo alles vom Hosenknopf bis zur Pelzbrosche en gros verkauft wird. Elsa kaufte für wenige Centimes Restbestände zusammen und machte sich ihren Schmuck selber, bizarre Fundsachen auf Silberdraht.

Einmal, beim Besuch einer Galerie, vertieft in ein Gemälde, fühlte sie sich plötzlich beobachtet: Ein Mann bestaunte ihren Halsschmuck und fragte sie mit deutlichem Akzent, woher sie das ausgefallene Stück habe. Er staunte noch mehr, als Elsa zurückgab: «Home made.» Dann überreichte er ihr seine Visitenkarte: Der Mann war Amerikaner und arbeitete für das Modemagazin *Vogue*. Er würde sie dabei unterstützen, diese Colliers serienmäßig herzustellen und in bare Münze zu verwandeln. Wenn sie die ausgestellten Accessoires schon nicht kaufen konnte, warum sollte sie sie dann nicht verkaufen? Hinter den Modeboutiquen standen damals noch nicht die Imperien, zu denen sie später werden sollten, es waren überschaubare Handwerksbetriebe. Chanel, Lanvin, Lelong, Molyneux und Patou waren nicht nur Markennamen, sondern ansprechbare Personen, die allesamt im Viertel um die Oper zu finden waren, genau dort, wo Elsa und Aragon wohnten. Inzwischen besaß sie ein ganzes Sammelsurium an gefärbten Federn, Metallreifen, bunten Steinen. Elsa entwarf ihren Modeschmuck auf dem Papier, dann setzte sie ihre Ideen in Taten um. Die Ergebnisse waren Phantasiegebilde, wahrer Schmuck für das Dekolleté der modebewußten Dame. Zusammen mit Louis, ein Köfferchen in der Hand, in dem die in Seidenpapier eingewickelten Schmuckstücke lagen, machte sie sich auf den Weg. Sie gingen über die Dienstbotentreppen hausieren und hatten Erfolg: Ganze zwei Jahre lang betrieben sie einen recht schwunghaften Handel mit Elsas glitzernden Fabrikaten.

Dann hatte sie genug von dieser Welt des Luxus. Während der Anproben, denen sie beiwohnte, ließ sie Konversation und Fragen über sich ergehen – ob sie Russin sei? Wirklich? Das sei ja interessant; ob sie in ihrer Heimat noch immer denselben Diktator hätten, wie hieß er noch gleich? Und man plauderte weiter über den Chic. Elsa hörte aus professionellem Interesse zu, doch ihr kreativer Ehrgeiz galt etwas ganz anderem: Sie notierte ihre Eindrücke, die sie auf den Streifzügen, während der Verhandlungen mit den Modemachern gesammelt hatte und führte sie zu einem Text zusammen: «Colliers». Er las sich wie eine spannende Sozialreportage. Elsa zeigte auf den Keim des Kapitalismus, der in den kleinen Schneiderbetrieben gelegt war; sie machte darauf aufmerksam, daß die Akkordarbeit der auf die schnelle eingestellten Näherinnen heillos unterbezahlt wurde. «Colliers» enthält schon das künftige Programm von Elsa Triolets Romanen: realistische Schilderungen, an denen sie die Richtigkeit der marxistischen Veränderungsideen veranschaulicht, wobei sie die leichte Seite des Erlebens oft der gewichtigen Gesellschaftskritik opfert. Man kann sich trotzdem denken, wie unterhaltsam die Expeditionen in die mondäne Welt für Elsa und Aragon wirklich waren. Dieses Doppelgesicht ist typisch für Elsa. Hinter ihrer oft biederen Erscheinung und dem belehrenden Ton verbargen sich unterdrückte Sinnlichkeit und die Sehnsucht nach einem Bohemeleben, wie sie es von früher kannte.

Die Veröffentlichung von «Colliers» in einem sowjetischen Verlag wurde vorbereitet, Elsa war mit der Auswahl passender Illustrationen beschäftigt. Zum ersten Mal fühlte sie sich wirklich in ihrem Metier.

Das Blut eines Dichters

Am 14. April 1930, noch früh am Tage, klopft es an die Tür des Ateliers in der Rue Campagne-Première. Elsa steht auf und zieht sich rasch den Morgenmantel über. Sie öffnet einem Mann, spricht Russisch mit ihm, es ist wohl ein Bote. Aragon versteht nicht genau, worum es geht, der Tonfall in Elsas Stimme verheißt jedoch nichts Gutes. Die Tür fällt hart ins Schloß, Elsa kommt kreideweiß zurück: Wladimir Majakowskij ist tot. Er hat sich zu Hause in Moskau mit einem Revolverschuß das Leben genommen.

Majakowskijs Tod signalisierte endgültig, daß es mit der künstlerischen Freiheit in der Sowjetunion vorbei war. Seit einigen Jahren schon hatte man ihn in seiner Arbeit behindert, den Druck seiner Bücher verzögert, Ausdruck der stalinistischen Bürokratie und Machtkonzentration. 1930 war das Jahr, in dem die RAPP, die Russische Assoziation proletarischer Schriftsteller, eine Vormachtstellung erlangte und die Entwicklung unabhängiger Künstler immer mehr unterband, was hieß, daß Themen wie die Darstellung der «Helden des Fünfjahresplans» offiziell vorgeschrieben wurden: Das Resultat war die Doktrin des Sozialistischen Realismus.

Majakowskijs Tod verhieß auch das Ende der politischen Hoffnungen der Avantgarde. Wie romantisch diese Ideen waren, verriet Majakowskijs Abschiedsbrief, der zusammen mit Gedichten, von Elsa übersetzt, als letzte Ehre für den Dichter in *Le Surréalisme au service de la Révolution* abgedruckt wurde: «Das Liebesboot mußte am Dasein zerbrechen.» Unterschrieben hatte er mit: «Lilja, liebe mich.» Mochte die unglückliche Geschichte mit Veronika Polonskaja auch den al-

lerletzten Anstoß gegeben haben, Majakowskijs wirkliche Todesursache war die bittere Enttäuschung über die Trägheit der
Menschen, unter denen Machtgier schnell wieder die Ober-
hand über revolutionäre Solidarität gewann. Nicht lange, und
Majakowskij wurde in der Sowjetunion nahezu totgeschwiegen. Veröffentlicht wurden ausschließlich seine propaganda-
tauglichen Gedichte, gestrichen die ironischen Untertöne,
etwa die spöttischen Verse auf die Bürokraten. Die Verbrei-
tung von Majakowskijs Œuvre in Frankreich wurde alsbald zu
Elsas Herzensangelegenheit. In den fünfziger und sechziger
Jahren übersetzte sie sämtliche Poeme, organisierte Ausstellungen und hielt engagierte Vorträge über den Dichter, in
dessen Namen sie dafür sorgte, daß die revolutionären Ideen
der Avantgarde nicht vergessen wurden.

Zwei Wochen nach Majakowskijs Tod schrieb Elsa an
Lilja, daß sie Nacht für Nacht von ihm träume, und wenn sie
aufwachte, sei er fort. Aber Aragon war da. Die Trauer um
Majakowskij rückte das Paar und auch die Schwestern enger
zusammen. Majakowskijs Vermächtnis zeigte Aragon den
Weg. Wer Elsa die «Schuld» für Aragons Wandel vom Surrealisten zum Romancier des Sozialistischen Realismus zu-
schob, übersah, daß er schon in der Partei war, bevor sie sich
kennenlernten. Aber Elsa, die selbst nie der Partei beitrat,
füllte die Ideologie mit Leben: Schon 1929 hatte sie ihn nach
Berlin mitgenommen, wo Lilja und Ossip sich aufhielten,
um Schwester, Schwager und den neuen Lebensgefährten
einander vorzustellen. Anfang November 1930 traten sie
die erste gemeinsame Reise in die Sowjetunion an. Während
der Fahrt, die drei Tage dauerte, begann für Aragon die
russische Seele zu klingen. Er war hingerissen von der Weite
des Landes und der Melodie der Sprache, und am Ende der
Reise, im Kreise der Briks, wurde er mit offenen Armen
empfangen. Hier fand er, wonach er sich so dringend gesehnt
hatte: eine neue Familie. Dem Paar blieb allerdings auch
nicht verborgen, welche Not die Leute im Lande litten, sie

erschienen Elsa wie «ungelöste Kreuzworträtsel», und Aragon dichtete:

> «Stets werde ich das Mostorg von neunzehnhundert-
> dreißig vor Augen haben
> Eine große schlecht beleuchtete Halle und nichts oder
> fast nichts zum Verkauf
> Verlassene Tresen und dürftige Waren in einer Ecke
> Die die nebelhaften Leute nur von weitem
> unter langen Spruchbändern aus rotem Leinen mit
> weißer Schrift ansehen
> Wo sich die Zukunft an all der Armut rächen wird
> für die heimatlosen Bauern und den Frauen, die nach
> den Preisen fragen.»

Wie so viele Schriftsteller, die in jener Zeit nach Moskau reisten, ließ sich Aragon jedoch immer noch von einem typisch intellektuellen Bildungsoptimismus überzeugen. Standen nicht Schlangen vor den Zeitschriftenkiosken, eröffneten nicht Kulturhäuser in den großen Städten des Landes, wurde nicht Volksbildung großgeschrieben und Literatur zum Gegenstand der öffentlichen Diskussion erhoben? In der Sowjetunion nahmen Frauen an politischen Kundgebungen teil, man sah sie mit ausgebreiteten Armen auf Straßenkreuzungen stehen und den Verkehr regeln, es gab öffentliche Speisungen, um die Frauen vom Joch des Haushalts zu befreien. Die Abschaffung der bürgerlichen Ehe und die Gleichberechtigung der Geschlechter waren Bedingungen für die Untergrabung der sozialen Herrschaft. Hier wurde eingelöst, worüber die Surrealisten in der Rue de Grenelle bloß diskutiert hatten, diese Egozentriker, für die Mann und Frau überhaupt nicht gleichberechtigt, die vielmehr «von der fatalen Vorherrschaft des männlichen Standpunktes beeinträchtigt» waren.

Der Schriftsteller konnte sich die leidige Frage, für wen er eigentlich schrieb, hier endlich beantworten: für das Volk. In der Sowjetunion war die Kultur an der Erneuerung der Gesellschaft beteiligt, wie es sich die Avantgarden der westlichen Welt sehnlichst herbeigewünscht hatten, wenn auch mit anderen Mitteln. Aber wenn es nötig war, den Sozialistischen Realismus für eine Zeit des Aufbaus zur alleinigen Kunst zu erklären, um den Kommunismus zu verwirklichen, sollte es eben sein. Ganz von Pioniergeist durchdrungen, glaubten Elsa und Aragon daran, daß dieses Land Zukunft atmete – Zukunft für das private Glück, die schriftstellerischen Möglichkeiten und für die ganze Menschheit.

Die Fahrt in die Sowjetunion galt einem hochoffiziellen Anlaß: Aragon war gemeinsam mit Georges Sadoul als Berater auf den Internationalen Kongreß revolutionärer Schriftsteller ins ukrainische Charkow geladen worden. Dies war unstrittig ein Erfolg für die Surrealisten. Elsa hatte höchstselbst zwischen den Sowjets und den Franzosen vermittelt – und wer war prädestinierter als Aragon, als surrealistischer Botschafter zu reisen, mit Elsa als Dolmetscherin? Er hatte einige Forderungen der Pariser Gruppe im Gepäck; vor allem sollte die Partei die surrealistische Erforschung des Unbewußten als einziges revolutionäres, für die Kunst taugliches Mittel akzeptieren!

Breton, der sich telefonisch regelmäßig vom Gang der Dinge in Charkow informieren ließ, war hocherfreut über Aragons Erfolgsmeldungen. Erst bei dessen Rückkehr nach Paris gab es für ihn ein böses Erwachen: «Ein oder zwei Stunden vor ihrer Abreise hatte man ihnen eine Erklärung zur Unterzeichnung vorgelegt, die den Verzicht, um nicht zu sagen, die Leugnung fast aller Positionen enthielt, an denen wir bis dahin festgehalten hatten. Distanzierung vom ‹Zweiten Manifest› – ich zitiere wörtlich – ‹insofern es dem dialektischen Materialismus zuwiderläuft›; Denunzierung des Freudianismus als ‹idealistische Ideologie›, des Trotzkismus als ‹sozialdemokratische und konterrevolutionäre Ideologie›.» Aragon und Sadoul sollten sich verpflichten, ihre literarischen Aktivitäten ganz und gar der Disziplin und der Kontrolle der KPF zu unterstellen. «Und weiter?» fragte Breton brüsk. «Und da Sadoul schwieg: ‹Ich nehme an, ihr habt abgelehnt?› – ‹Nein›, sagte er, ‹Aragon war der Ansicht, darum käme man nicht herum, wenn man in den kulturellen Organisationen der Partei arbeiten wolle.›» Da sah Breton zum ersten Mal, wie sich vor seinen Augen «ein Abgrund auftat, der von da an schwindelerregende Dimensionen annahm, und zwar in dem Maße, in dem sich die schamlose Idee durchsetzte, daß die Wahrheit hinter dem Nutzen verschwinden solle, bzw. daß weder das Bewußtsein noch die einzelne Person berücksichtigt bleibt, bzw. daß der Zweck die Mittel heiligt.»

Breton machte sich keine Illusionen darüber, was diese Unterschrift bedeutete: eine Bankrotterklärung des Surrealismus. Die Erkenntnisse Freuds bildeten ja geradezu das Fundament seiner Ästhetik, sie waren sein revolutionäres Moment schlechthin, um das Bewußtsein der Menschen zu verändern. Die Traumdeutung war das Sesam-öffne-Dich für die Erneuerung des Denkens, so wie der Kommunismus als Zukunft der menschlichen Gesellschaft. In Wahrheit waren dies jedoch zwei grundverschiedene anthropologische Ausgangspunkte. Die Surrealisten mußten sich früher oder später ihren ganz eigenen Weg bahnen, denn die Thesen der Partei und die Psychoanalyse standen in flagrantem Widerspruch zueinander. «Das Unbewußte bestimmt das Sein», sagten die Traumdeuter. «Das Sein bestimmt das Bewußtsein», sagten die Marxisten. Für sie hatte Freud die gesellschaftlichen Widersprüche auf private Konflikte reduziert, und das galt als spätbürgerliche Ideologie. Psychologische Vorgänge wurden von ihnen biologistisch als höhere Nerventätigkeit verbucht und deren Aktivität als bloßer Reflex der Materie. Der Mensch sollte als Klassenwesen, nicht als vielschichtiges Individuum gesehen werden.

Breton erkannte in Aragon jetzt den alten Opportunisten

wieder. Bereits zu Beginn ihrer Bekanntschaft, fand er, hatte dieser sich schon sehr bald einiger Ansichten entledigt, die ihn von Soupault und ihm selbst unterschieden. «Er hat stets die Akrobaten geliebt; keiner versteht sich so wie er darauf, den Wind zu nutzen; man hat sich noch nicht ganz entschlossen, selbst gegen seinen Willen, einen Hügel zu erklimmen, da ist er schon oben auf dem Gipfel ...» Auch André Gide wunderte sich über Aragons Geschmeidigkeit. Tatsächlich besaß Aragon ein immenses, fast kindliches Darstellungsbedürfnis, er brauchte Publikum, sei es auch um den Preis eines Positionswechsels. Schriftsteller wie Barbusse oder Gorki, die er vor einigen Jahren als Surrealist noch verdammt hatte, pries er nun als Wegbereiter einer sozialistischen Literatur. Thirion bescheinigt Aragon «einen gewissen Mangel an Selbstvertrauen, der diesen außergewöhnlich besonnenen und intelligenten Menschen leicht in Panik versetzen konnte, sein unerwartetes Bedürfnis, sich immer dann einer stärkeren Autorität zu unterwerfen, wenn er mit seinem Vorgehen und seinem Kalkül ins Schwimmen geriet». Wie viele andere machte Thirion Elsa für seine Entwicklung verantwortlich: «Je besser sie ihn kennenlernte, um so mehr stellte sie fest, daß es möglich war, aus Aragon einen Sklaven zu machen, weil Gefühle ihn im allgemeinen zur Vernunft brachten. Der Erfolg des Paares, das sie bildeten, basierte also auf Elsas Hellsichtigkeit und auf ihrem Entschluß, ihrem Geliebten nach und nach ihre Sicht der Dinge beizubringen.» Aragon schien Wachs in ihren Händen zu sein, das sah auch Breton nicht anders. Der Freund war Elsas «Ansteckung» zum Opfer gefallen, die Russin war zweifelsfrei schuld an seinem Sinneswandel. Elsa trat als Frau in Aktion: schon das schien zu genügen, um in den Augen der Öffentlichkeit als kalt und berechnend zu gelten. Aragon selbst kommentierte später: «Breton stand dem Kommunismus näher als ich. In meiner Entwicklung hin zum Kommunismus verdanke ich – entgegen dem allgemeinen Glauben – Breton sehr viel.»

Doch die Unterschrift, die Aragon und Sadoul in Charkow geleistet hatten, war mehr als ein surrealistischer *acte provocateur*. Sie brachte zum Ausdruck, wonach sich viele Gruppenmitglieder sehnten: eine klare Entscheidung. Für Aragon war die Parteinahme eine logische Konsequenz aus dem Surrealismus, der in seinen Augen in eine romantische Sackgasse führte. Er hatte die Entscheidung bereits für sich allein getroffen, klare Verhältnisse schaffen wollen. Elsa begrüßte diese Entwicklung, die sie näher zueinanderführte: Sie, die ihren Gefühlen in der Liebe stets mißtraute, wußte, daß sie in einer Beziehung zu einem Mann am besten bestehen konnte, wenn sie eine Grundlage schuf, die die «gemeinsame Arbeit» mit ihm ermöglichte, und sie erkannte, daß Aragons Existenz immer dann ins Wanken geriet, wenn er keinen Rahmen mit festen Werten erkannte, die er zum Maßstab seines Schreibens machen konnte. Natürlich hatte Elsa auch in eigenem Interesse gehandelt: Mit ihrer Distanz zu den eigenen Gefühlen und ihrem Mißtrauen gegenüber der als unbefriedigend und vergänglich erlebten Erotik mußte sie nach anderen Wegen der Liebe suchen. Die üble Nachrede, sie sei berechnend, kommt nicht von ungefähr: Elsa wirkt ein wenig so, als habe sie sich Aragon, den Schönen, den Talentierten, den Verführbaren, mit dem sie ein schönes Paar abgeben würde, in den Kopf gesetzt – ihr Herz wirkt dagegen immer wieder seltsam unbeteiligt. Klarer als alles andere schien ihr, daß die Verbindung mit dem überzeugten Kommunisten Aragon in Paris stets auch eine Verbindung zu Moskau bedeuten würde.

Aragons neuer Radikalismus stieß sich an Dalís *Denkmaschine*, einem Objekt aus vielen kleinen, mit warmer Milch gefüllten Trinkbechern, die an einem Schaukelstuhl befestigt werden sollten. «Ich protestiere gegen Dalís Objekte – Gläser voll Milch sind nicht zur Herstellung surrealistischer Objekte, sondern für die Kinder von Arbeitslosen da.» Dalí selbst deutete dies als klare Ankündigung des bevorstehenden Bruchs: «Er schlug damit jenen Ton intellektueller und moralischer Gemeinheit an, in die er verfallen sollte, um zu guter Letzt schmählich in den allerservilsten Konformismus, in die stalinistische Bürokratie, abzusacken.»

Zwei Jahre später war es wirklich soweit: Mit der «Affäre Aragon» brachen die Brücken zu Breton und dem Surrealismus vollständig ab. In der letzten Nummer der Moskauer Zeitschrift *Literatur der Weltrevolution* erschien Aragons Gedicht «Front rouge». «Feuer auf die Sozialdemokratie!» rief der Poet und, als genüge das nicht: «Feuer auf Léon Blum!» Die Behörden Frankreichs sahen darin eindeutig einen Angriff auf die innere Sicherheit des Landes: Aragon wurde umgehend, am 16. Januar 1932, des Aufrufs zum militärischen Ungehorsam und der Anstiftung zum Mord zu anarchistischen Propagandazwecken angeklagt.

Breton legte sich für seinen alten Freund ins Zeug – nicht ohne seine eigenen Interessen wahrzunehmen. Er plädierte für die unumschränkte Freiheit der künstlerischen Form. Aragons Verse seien nur Gelegenheitsdichtung, zwar heftig, aber ohne Konsequenzen. Das aber erzürnte Aragon erst recht: «Kein einziges Wort davon ist zurückzunehmen!» Seine Zeilen seien hochpolitisch! Dieser öffentliche Schlagabtausch wurde zur höchstpersönlichen Abrechnung der beiden einstigen Verschwörer vom Val-de-Grâce. *L'Humanité* bezichtigte Breton dann auch noch in einem Artikel, mit seiner Stellungnahme lediglich Reklame für den Surrealismus machen zu wollen. Aragon hatte nicht eingelenkt, der Bruch war besiegelt. Breton sollte seine surrealistischen Maximen immer mehr härten und kompromißlos weiterverfolgen, Aragon richtete die Augen auf einen neuen Leitstern, die kommunistische Partei.

Im August 1932 traten Elsa und Aragon eine Reise in den Ural an, wo sie mit einer internationalen Schriftstellerbrigade konferierten, Kolchosen und Fabriken besichtigten.

Das Paar war ein ausgezeichnetes Team: Sie organisierte die Begegnungen und lieh ihm ihre russische Stimme, er hatte Elsa zu dieser Mittlerrolle verholfen und sammelte Rohstoff für die Literatur. «Je weiter man reist, um so mehr bekommt man den Eindruck, daß dies hier ein wahres proletarisches Land ist», schrieb Elsa an Sadoul, und auch Aragons Grußzeilen am Ende der Seite waren enthusiastisch. Hymnisch klangen die Verse, die er auf die Liebenden von Magnitogorsk anstimmte, auf die «Romanzen einer neuen Leidenschaft», angefacht durch «die enorme Arbeit der Revolution». Der Dichter beschwor ein Liebesglück, über das Genosse Lenin seine schützende Hand hielt, und die Sowjetunion als ein Land, dessen ideale Gesellschaftsordnung auch die Gefühle steigern konnte wie einst die surrealistische *amour fou*, die der alltägliche Zufall bescherte. Für Aragon war das Glück planbar geworden. Aber er beschrieb nicht die Wirklichkeit, sondern die Sehnsucht nach Glück. Er entwarf eine Utopie: daß das Glück der Menschheit und die Liebe von objektiven, steuerbaren Vorgaben abhängig, nicht dem Zufall überlassen sein könne. «Mit einem Mann muß einen mehr verbinden als die Liebe ...» Jetzt fand Elsa die Bestätigung, auf die sie so lange vergeblich gehofft hatte. Die Sehnsucht des Paares, miteinander zu verschmelzen, wurde auf allerhöchster Ebene befriedigt.

Als Hitler 1933 an die Macht kam, begriffen nicht alle gleich, was die Stunde geschlagen hatte. Die Kommunistische Internationale hielt das Ereignis für einen vorübergehenden Zwischenfall, dazu geeignet, das Bewußtsein der Massen für die Gefahr des sich ausbreitenden Faschismus wachzurufen. Die Ereignisse vom Februar 1934 ließen wirklich fast hoffen, daß nun auch in Frankreich die Revolution ausgebrochen sei. Die miserable Wirtschaftslage und die undurchsichtigen Geschäfte der Banken hatten den Volkszorn in Wallung gebracht. Am 6. Februar zogen alte Frontkämpfer und faschi stische Ligen aus Protest gegen die miserable Wirtschaftslage und die Korruption der Regierung durch die Straßen, drei Tage später, am 9. Februar, riefen Kommunisten und Sozialisten zu einer Gegenkundgebung auf der Place de la République auf. Aragon, Elsa und Pozner zogen los, um für *L'Humanité* von den Aufmärschen der Genossen zu berichten. Die großen Boulevards, die sie auf ihrem Weg dorthin überquerten und auf denen sonst geschäftiges Treiben herrschte, waren binnen kurzem wie leergefegt. Es war die Ruhe vor dem Sturm. Passanten hasteten die Treppen der Metroeingänge hinab, weil sie mit alledem nichts zu tun haben wollten; schwere Metallrolläden wurden donnernd vor den Schaufenstern der Geschäfte heruntergelassen. Doch je näher sie der République kamen, um so mehr Menschen waren auf den Straßen, die Stimmung schwelte und es roch nach verbranntem Gummi. Autos und Barrikaden standen in Flammen. Ein Riesenaufgebot von Polizisten hatte den Ort des Geschehens abgesperrt, die drei kamen gar nicht erst bis zur République durch.

Vielleicht war es besser so: Unversehens geriet die Situation außer Kontrolle. Polizisten gingen mit Schlagstöcken auf Demonstranten los, Pflastersteine flogen durch die Luft. Plötzlich waren sie zwischen den aufständischen Massen und der berittenen Polizei eingekesselt, bedrohlich klang das metallische Geräusch der Hufeisen auf dem Asphalt. Panik brach aus; Aragon und Pozner nahmen Elsa schützend in ihre Mitte, sie wurden von der wogenden Menge zu einer Gasse gedrängt, durch die sie aus dem Hexenkessel entkommen konnten, und schlugen sich zu einem der wenigen Cafés durch, deren Türen noch offenstanden. Aragon eilte sofort zum Telefon in den hinteren Teil des Lokals, um die Redaktion anzurufen. Elsa und Pozner hatten sich an einem Tisch niedergelassen und warteten auf Aragon – wie schon einmal … Plötzlich fielen Schüsse. Ohne genau zu sehen, was vorging, war ihnen klar, was geschah: Die Polizisten begannen, blindlings in die Menschenmenge zu schießen. Elsa und Pozner sahen sich fassungslos an, beide dachten augenblicklich an das Massaker des Blutsonntags in ihrer gemeinsamen russischen Heimat.

Erst spät in der Nacht, als sich die Straßen geleert hatten, trat das Trio den Heimweg über die lange Rue Lafayette an. Die Straßenkämpfe hatten zwei Dutzend Menschenleben gefordert. Die Regierung trat zurück. Elsa und Aragon blieben optimistisch. Rund zweitausend Menschen hatten solidarisch als Einheitsfront dem Beschuß der bezahlten Mörder, wie sie die Polizei nannten, getrotzt. Elsa schrieb einen Augenzeugenbericht für die Moskauer Zeitschrift *Tridcat Dnej*. Erst später erzählte Aragon, daß er Breton begegnet war. Er hatte nachdenklich auf eine Blutlache gestarrt. Die beiden Männer hatten versucht, sich über diese Art von Politik auszutauschen – und wußten, daß sie sich wirklich nichts mehr zu sagen hatten. Anders als der elitär sich gebärdende Breton suchte das Paar den Kontakt zum Volk – doch blieben sie als Beobachter nicht auch am Rande des Gedränges? Der Schriftsteller des Sozialismus ist ein «Ingenieur der Seele», der sein privilegiertes Talent zur Belehrung der Massen einsetzt. Elsa und Aragon bezogen ebendiese Position.

Im August 1934 reisten sie beide gemeinsam mit André Malraux und Jean-Richard Bloch zum 1. Sowjetischen Schriftstellerkongreß nach Moskau. Er wurde dort wie ein Volksfest angekündigt und sollte zwei Wochen dauern. Vertreter der schreibenden Zunft pilgerten von überall her aus Europa nach Charkow, darunter die Deutschen Karl Radek, Wieland Herzfelde, Theodor Plivier, Willi Bredel, der gerade den Nazis entkommen war. Im Haus Gorkis, erklärter Vater der jungen Sowjetliteratur, saß man nach Beendigung des offiziellen Programms noch lange zusammen und debattierte beim Essen weiter. Klaus Mann, ein Kronzeuge, berichtete: «Die Diskussion wurde erregender, als der Franzose Aragon, mit einer gewissen nachlässigen Kühnheit, das gefährliche Thema in die Debatte warf: das Thema ‹Individualismus – Kollektivismus›.» Aragon fragte Gorki, wie es denn um die Entfaltung der Persönlichkeit im Kommunismus bestellt sei. Der Meister hatte eine formelhafte Antwort parat: Der Kommunismus sei dem Individuum zwar entgegengesetzt, garantiere als einzige Staatsform jedoch die Individualität. Die Kongreßteilnehmer glaubten noch an eitel Sonnenschein, doch in Wirklichkeit fand die Veranstaltung bereits im Schatten der Scheiterhaufen statt, die Stalin errichtet hatte. Wo war Anna Achmatowa, wo Ossip Mandelstam? Diese russischen Dichter, die so großartige Verse geschrieben hatten, waren nicht anwesend. Eine Huldigung auf Majakowskij war eher ein Ablenkungsmanöver, alle Teilnehmer erhoben sich, als Lilja erschien, um ihr als seiner Witwe Ehre zu erweisen, was «aber sicherlich auch ihrer Schönheit und Grazie zugedacht war», wie Clara Malraux meint, die ihren Mann nach Moskau begleitet hatte.

Die Säuberungsaktionen begannen am 1. Dezember 1934 mit der Hinrichtung von Kirov, Mitglied des Zentralkomitees. Doch angesichts der besorgniserregenden Entwicklung in Deutschland konnte man sich die Wahrheit über die Richtung der Politik in der Sowjetunion kaum leisten. Trotz allem, was dort geschehen mochte, war das Land der einzige Hoffnungsträger weit und breit. Die gegenwärtige Praxis mußte als vorübergehende Phase, ein notwendiges Opfer, in Kauf genommen werden.

Das Paar äußerte sich nur positiv: über die lernbegierige Jugend, die Alphabetisierung dieses rückständigen Landes. Sie sagten nichts zum sozialistischen Klassensystem, das sie schon auf der Hinfahrt am eigenen Leibe gespürt hatten: Es gab drei Abteilungen von Bahnwaggons – Elsa und Aragon hatten nicht in der zusammengedrängten Menge der Ärmsten der Armen gesessen, sondern hochoffiziell in luxuriösen Waggons. Sie hatten erfahren, daß der Schriftsteller Victor

Elsa Triolet und Louis Aragon 1957 in Moskau. Schon 1934 waren sie vom Bildungshunger des sowjetischen Volkes begeistert, der an jeder Ecke gestillt werden konnte.

Serge, den sie persönlich kannten, hinter Gittern saß. Sie hatten deutlich sehen können, daß der Kommunismus in der Sowjetunion einen bedenklichen Kurs nahm – doch er war die einzige organisierte Gegenkraft gegen westliche Korruption und den Faschismus, eine Waffe, die man nicht entschärfen durfte, indem man die Sowjetunion kritisierte. Die marxistische Lehre war unantastbar – nicht immer aber die Würde des Menschen, um den es doch gehen sollte.

Aragon hatte lange nichts geschrieben – so lange nicht, daß sich seine Worte nun förmlich überstürzten. Die neue Aufgabe war wie ein Gefäß, in das er sie gießen konnte. Anfang der dreißiger Jahre begann er an einem Romanzyklus zu arbeiten, «Le Monde réel», «Die wirkliche Welt», drei umfangreiche Romane. Im ersten, «Die Glocken von Basel», schildert er eine moderne Heldin, die Russin Catherine Simonidse, die das Ehejoch abschüttelt, weil sie nicht von einem Mann, seinem Geld und seiner Position abhängig sein will. Unweigerlich wird sie hellhörig für die Ideen der Anarchisten und der Kommunisten. Durch Elsa kannte Aragon die Schriften Alexandra Kollontais über die neue Frau, die in Aragons jüngstem Opus sogar einen Gastauftritt bekam. Hymnisch klingt der Roman aus: «Hier wird zum erstenmal in der Welt der wahren Liebe Platz gemacht. Der Liebe, die nicht mehr befleckt ist durch die Unterordnung der Frau unter den Mann, durch die schmutzigen Geschichten von Unterröcken und Küssen, durch die Herrschaft des Geldes des Mannes über die Frau oder des Geldes der Frau über den Mann. Die Frau der neuen Zeit ist geboren, und sie besinge ich.»

«Doch wie konnte das Leben einer Frau, die mit einem Franzosen verheiratet gewesen war, alleine lebte und die die Leute wenig später mit einer so unnützen Person wie mir wiedersahen, im Frankreich von damals aussehen?» fragte Aragon zur gleichen Zeit. Elsa übersetzte derweil die «Reise ans Ende der Nacht» von Louis-Ferdinand Céline aus dem Französischen ins Russische – nicht zuletzt, um ihren fremdsprachlichen Verstand an diesem anspruchsvollen, avantgardistischen Stück Literatur zu schärfen. Doch es gab eine böse Überraschung: «Man ‹redigierte› mir den Text, kürzte darin herum, ohne den Autor oder den Übersetzer hinzuzuziehen. Das machte die Arbeit abscheulich, irrsinnig, unmöglich …» Vom Leningrader Verleger von «Colliers» kam ein ähnliches Schreiben. Darin hieß es, der Text könne nicht publiziert werden. Beinahe noch feucht, wurden die Druckfahnen wieder vernichtet. Warum, wurde Elsa nicht mitgeteilt. «Man hat mich entmündigt», sagte sie zu Aragon. Lediglich ein Auszug wurde 1933 in *Krasnaja Nov* abgedruckt, dem Organ der Union sowjetischer Schriftsteller, das noch nicht restlos gleichgeschaltet war. Elsa war schlagartig klar, daß an weitere Veröffentlichungen in der Heimat nicht zu denken war. Sie würde künftig auf französisch schreiben müssen, um Gehör zu finden.

Elsa bereitete sich auf den «Umzug» von einer Sprache in die andere vor. «Ich fühlte mich buchstäblich als Gefangene äußerer und innerer Unmöglichkeiten, und ich verstand es nicht, mich ihnen zu fügen. Zu schreiben, wo doch alles gegen mich stand.» Sogar Aragon selbst: «Russisch konntest Du nicht und befürchtetest das Schlimmste. Du glaubtest mir meine Behauptungen nicht, und das nahm ich Dir übel.» Alle hatten Elsa bislang zur Schriftstellerei ermuntert, doch gerade der, von dem sie sich das am sehnlichsten erhoffte, verkniff sich das erlösende Wort. «Du hättest mir helfen können und sagen: Schreib! Aber gerade das wolltest Du mir immer noch nicht sagen. Und als ich wieder anfing zu schreiben, war es gegen Dich, in Wut und Verzweiflung, weil Du kein Vertrauen zu mir hattest. Ich versuchte, auf französisch zu schreiben, damit Du zu mir sagtest: Schreib! – oder, schreib nicht! … in Kenntnis der Lage.» Unterließ Aragon etwa den Zuspruch, weil er sie als Konkurrentin fürchtete?

Die Freiheit der Catherine Simonidse war ein großartiger utopischer Entwurf, aber aus nächster Nähe erschienen solche selbstbewußten Frauen dann doch unheimlich: Die Schriftstellerin in spe Elsa Triolet hatte ihren eigenen Kopf.

Derweil feierte Aragon mit «Die Glocken von Basel» triumphale Erfolge. 1934 war der Roman bei seinem neuen Verleger Denoël erschienen. Er widmete ihn der Frau, «der ich zu sein verdanke, wer ich bin, der ich verdanke, aus meinem Nebel heraus den Eingang zur wirklichen Welt gefunden zu haben, für die es sich zu leben und zu sterben lohnt». Für Aragon wurde zur Wirklichkeit, was er sprachlich zu gestalten vermochte. Jetzt, da er wieder schreiben konnte, hatte er sich wiedergefunden, war wieder bei sich. Elsa hatte ihn erlöst: «Mein Leben fängt mit Dir erst an», bekannte Aragon als Motto seines ersten Romans. Während Elsa einen Kampf mit der französischen Sprache ausfocht, erklärte Aragon sie zur Muse seiner Sprachkunst. Elsa hatte ihm den Schlüssel zu einem neuen Universum in die Hand gegeben.

Elsa und Aragon traten nun regelmäßig als Paar in die Öffentlichkeit. Durch Elsas Kontakte, allem voran ihre Bekanntschaft mit Ehrenburg und Gorki, war es ein leichtes für Aragon, in den Literatenkreisen von Moskau und Leningrad Fuß zu fassen. Elsa wiederum bot der Franzose Aragon in ihrer Wahlheimat Schutz. Doch sie hatte keinen eigenen Aktionsradius, stand im Schatten des Geliebten. Das mußte sich schleunigst ändern, wenn sie ihren Idealen die Treue halten und – vor allem – wenn sie selber mit Aragon glücklich sein wollte.

Zwei Zimmer mit Schreibtisch

Auf die Dauer war das Atelier in der Rue Campagne-Première zu eng. Elsa und Aragon planten den Umzug, fort aus Montparnasse, das mittlerweile zu einem Lebensabschnitt gehörte, den beide hinter sich gelassen hatten. Es war grundsätzlich nicht einfach, eine bezahlbare Wohnung zu finden, aber es gab gar keine Chance mehr, wenn die Hausbesitzer hörten, daß Aragon bei *L'Humanité* arbeitete. Kommunisten wollte man nicht im Haus haben. Nach längerer Suche fand das Paar eine Zweizimmerwohnung in der Rue de la Sourdière 18, in einem für die Gegend typischen Haus aus dem Ancien régime. Die Straße gehörte zu einem Geviert zwischen Oper, Palais Royal, der Place de la Concorde und den Tuilerien. Sie zogen im Januar 1935 ein. Aragon, der fanatische Büchersammler, sorgte dafür, daß sich die Regale rasch füllten. Um die Bücher zu schonen, schraubte er vor die vollgestellten Bretter einfach die ausrangierten Fensterflügel eines alten Hauses, die er auf der Straße gefunden hatte, und improvisiert wie diese Glasvitrinen waren auch die anderen Möbel. «Die Wände waren bedeckt mit meist schön gebundenen Büchern, so daß im Arbeitszimmer gerade noch Platz für einen Louis-Philippe-Sekretär sowie drei rote, mit Kupfer und Blumen verzierte Reisekoffer blieb, die ein Großonkel oder Großvater Aragons aus China mitgebracht hatte.» Aus Moskau schleppte Elsa etliche Erinnerungsstücke an, Ikonen, Matrjoschka-Puppen, Porzellan, einen Samowar, der in der Küche summte. In dem neuen Heim vereinigten sich französische Stile verschiedener Epochen mit russischem folkloristischem Edelkitsch zu origineller Gemütlichkeit. Wer in die Rue de la Sourdière kam, schwärmte von Elsas Gastfreundschaft, Ehrenburg überfielen beim Duft von Elsas Borschtsch heimatliche Gefühle.

«Wir lebten dort fünfundzwanzig Jahre, bis 1960. Fünfundzwanzig Jahre lang lebten wir in zwei Zimmern mit Büchern, die uns auf den Kopf fielen, für den einen eine Unmöglichkeit zu arbeiten, wenn der andere wen zu Gast hatte.» Durch die Flügeltür zwischen den beiden Zimmern bekam der eine stets mit, was der andere gerade tat. Wenn Aragon, ausgerüstet mit Papier und Federhalter, das Haus verließ, so suchte er nicht nur in alter Flaneur-Manier die Inspiration der Straße, sondern auch den Abstand, den es in der Wohnung kaum gab. Er ließ sich dann auf einer Bank in den Tuilerien nieder, um in Ruhe schreiben zu können.

In der ersten Hälfte des Jahres 1935 hatte Aragon alle Hände voll zu tun: Er war mit der Vorbereitung eines Kongresses betraut, der zum herausragenden Ereignis des Jahres werden sollte, dem Ersten Internationalen Schriftstellerkongreß zur Verteidigung der Kultur in Paris. In der Rue de la Sourdière traf man sich zu Vorbesprechungen, Ilja Ehrenburg ging jetzt ein und aus, Gide und Malraux stießen oft dazu. Aragon präsidierte die Sitzungen wie einst Breton in der Rue Fontaine; Elsa servierte den Tee. Sie saß im Ohrensessel und hörte zu. Es tat ihr gut, am Nabel des Geschehens zu sein, wenn sie aber in den Spiegel über den Kamin blickte, sah sie ein Gruppenbild mit Dame, das sie unangenehm an die Zusammenkünfte der Surrealisten erinnerte.

Künstler und Intellektuelle aus aller Herren Länder waren aufgerufen, darüber zu diskutieren, wie der Gefahr des Faschismus begegnet werden könne, welche Möglichkeiten der Autor habe, sich aufklärend an sein Lesepublikum zu wenden. An drei Tagen im Juni versammelten sich in einem Veranstaltungssaal des Palais de la Mutualité an die hundert Schriftsteller unterschiedlicher Nationalität und Anschauung – darunter Henri Barbusse, Aldous Huxley, Robert Musil, Anna Seghers, Bertolt Brecht –, alle darin einig, dem Faschismus im Namen des Humanismus entgegenzutreten. Nur wenige Schriftsteller teilten damals den Enthusiasmus für solche Veranstaltungen nicht. Boris Pasternak, den die sowjetische Regierung nach Paris wünschte, hatte abgesagt. Ehrenburg rezitierte stellvertretend eines seiner Gedichte. Pasternak warnte von fern: «Die Organisation ist der Tod der Kunst. Allein die persönliche Unabhängigkeit zählt.» Ehrenburg war der offizielle Vertreter der russischen Delegation. Er war vor kurzem in einem Artikel über Breton und seine Bewegung hergefallen und hatte die Surrealisten allesamt als Taugenichtse bezeichnet, die sich dank der Mitgift ihrer Ehefrauen ihre künstlerischen Scherze leisten könnten. Das durfte Breton nicht auf sich sitzenlassen. Nicht lange, und die beiden Herren liefen sich im Brennpunkt Montparnasse über den Weg. Breton sah sofort rot, als er Ehrenburg erkannte: Er stürzte sich auf ihn, holte aus und ohrfeigte den Russen, der nur schützend seine Hände vors Gesicht halten konnte. Der Vorfall blieb nicht folgenlos, denn die sowjetische Delegation erklärte, sie wolle unverzüglich abreisen, wenn Breton nicht von der Rednerliste gestrichen würde. Das Ultimatum wirkte: Auf den Sezessionisten Breton, der sich die Thesen Trotzkis einverleibt hatte, mochte man bei einem so repräsentativen Ereignis verzichten, nicht aber auf die offiziellen Vertreter der Sowjetunion, jenem Land, dessen staatstragende Ideologie der Kommunismus war, auf den man setzte. René Crevel versuchte, zwischen den Surrealisten und dem Komitee des Kongresses zu vermitteln, aber vergebens. Breton hatte sein Rederecht durch die Handgreiflichkeiten, die Ehrenburg kurzum als faschistische Methode bezeichnete, ein für allemal verwirkt. Doch Bretons Rage hatte Hintergründe: Vor einem Monat hatte Premierminister Laval einen Solidaritätspakt mit Stalin abgeschlossen und erklärt, so sei der Friede in Europa abzusichern. Wie aber konnte Frankreich mit einem Staat gemeinsame Sache machen, in dem bereits Todesurteile vollstreckt wurden, Künstler hinter Schloß und Riegel gebracht wurden? War Breton als Kopf der Surrealistengruppe auch anfällig für die Gesten der Macht, in dieser Hinsicht blieb er unbestechlich.

Als der Kongreß eröffnet wurde, lebte Crevel schon nicht mehr. Er hatte sich am Vorabend das Leben genommen. Bis zuletzt hatte er sich bemüht, Kunst und Politik miteinander zu vereinbaren. Elsa und Aragon dachten an Majakowskij – wieder war eine sensible Künstlernatur in das Mahlwerk der Politik geraten. Crevels Tod führte allen drastisch vor Augen, daß der gemeinsame Nenner dieses Kongresses zwar der Kampf gegen den Faschismus war, daß es jedem einzelnen jedoch um eine andere Frage ging: um die Beibehaltung der künstlerischen Freiheit im politischen Prozeß. Aragons Eröffnungsrede geriet zu einem leidenschaftlichen Plädoyer für den Eigenwillen des Künstlers – und gleichzeitig für den Sozialistischen Realismus und Majakowskij, den Agitator, den «Chef-Lautsprecher». Unter Aufbietung aller seiner Sprachgewalt tat er den Surrealismus in einem Atemzug als romantischen Pessimismus ab. Der Bruderzwist mit Breton wurde fortgesetzt.

Es war weit nach Mitternacht, die Reihen der Zuhörer hatten sich schon sehr gelichtet, längst waren die Journalisten gegangen, Saaldiener schalteten schon die Beleuchtung aus. Am Rednerpult stand Paul Éluard und verlas Bretons Rede – ein Zugeständnis der Russen nach Crevels Selbstmord. Die Worte des Surrealisten über die revolutionäre Kraft der Sprache, die allein die gesellschaftlichen Verhältnisse ändern könne, verhallten nahezu ungehört. Die öffentliche Ohrfeige, die er Ehrenburg verpaßt hatte, wurde ihm nicht verziehen.

Später konnte man in der Presse Stellungnahmen zu Crevels Tod lesen. *L'Humanité* machte allein seinen Gesundheitszustand für seinen tragischen Entschluß verantwortlich.

Louis Aragon 1938: Unter den Intellektuellen gehörte es fast zum guten Ton, nach Spanien zu reisen und sich mit den Republikanern zu solidarisieren. Elsa und Aragon griffen nicht zu den Waffen wie Ernest Hemingway, aber sie organisierten allerhand Spendenaktionen.

Die *NRF* schob alles auf den Kommunismus und verärgerte damit sowohl Breton als auch Aragon.

Das Jahr 1936 erscheint in Geschichtsbüchern wie ein Kristallisationspunkt wesentlicher, zukunftsweisender Ereignisse des Jahrhunderts. Aus französischer Perspektive war der Sieg der Volksfront aus Kommunisten und Sozialisten unter Léon Blum ein großer Erfolg. Bezahlter Urlaub, Vierzigstundenwoche und Gewerkschaftsrecht wurden eingeführt, die Regierung ging radikal gegen faschistische Verbände vor. Doch während man in Frankreich Hoffnung auf weiteren sozialen Fortschritt schöpfte, brach in Spanien der Bürgerkrieg aus. In der Sowjetunion wurde Lenins Genossen Sinowjew und Kamenew der Prozeß gemacht.

«Du lebtest wie ein Besessener, hast gearbeitet, gekämpft, geschrieben ... Ich war da, ich folgte Dir: Meetings, Streiks, Unfälle ... eine Reise nach Spanien während des Krieges 1936 ...», schrieb Elsa Triolet über diese Epoche. Unter den Intellektuellen gehörte es fast zum guten Ton, nach Spanien zu reisen und sich mit den Republikanern zu solidarisieren. Elsa und Aragon griffen nicht zu den Waffen wie Ernest Hemingway, aber sie organisierten allerhand Spendenaktionen. Bei einem Wohltätigkeitsfest zugunsten spanischer Kinder sollten Josephine Baker und Mistinguett singen, die Stars der Stunde. Elsa lieh sich für diesen Abend ein Ballkleid von ihrer Schneiderin und einen Umhang aus Federn, in dem sie sich fühlte wie Marlene Dietrich. An den spanischen Kriegsschauplatz begaben sie sich der Geschäfte in Paris wegen nur kurz. In einem Artikel, in dem Elsa ihre Eindrücke wiedergab, sprach sie besonders über ein kleines Mädchen in der Flüchtlingsschar. Sie hätte es am liebsten mitgenommen. «Das durfte ich nicht. Scheinbar gibt es Gesetze, Autoritäten, solche und solche Departements ...» Immer wieder dachte Elsa daran, wie gern sie ein Kind gehabt hätte. Aragon sagte später, Kinder seien nicht notwendig für ihr gemeinsames Glück gewesen – doch es schmerzte Elsa, vor vollendete Tatsachen gestellt zu sein und keine eigene Entscheidung mehr treffen zu können. Das geschäftige Leben, das sie inzwischen führten, ließ kaum Platz für solche Gedanken. Aber zwischen all den Aktivitäten fühlte sich Elsa einsam: «Unter anderem, weil die Menschen mir das Leben schwermachen. Nur unter anderem.» Während sie ihren Verdruß aufschrieb, war Aragon schon wieder unterwegs zur nächsten Versammlung oder weggetragen von der Idee zu einem neuen Buch. «Wenn man viel von einem Mann geträumt hat, weiß man womöglich nicht mehr, was man mit ihm anfangen soll, wenn er leibhaftig vor einem steht.»

Im Juni 1936 folgte das Paar einer Einladung des todkranken Gorki nach Moskau. Zunächst fuhren sie nach Leningrad, um Lilja zu sehen. Es gab viel zu erzählen, und sie hielten sich länger dort auf als geplant. Als sie schließlich in Moskau ankamen, erfuhren sie, daß Gorki gerade gestorben sei. Statt an seinem Sterbebett standen sie nun an seinem Sarg. Aragon blieb die Ehre, drei Tage später vor einer großen Öffentlichkeit eine Rede auf ihn zu halten. Die näheren Umstände um Gorkis Todesursache liegen bis heute im dunkeln. Erlag er wirklich seiner Krankheit, oder wurde er von Stalins Leuten in den Tod befördert? Massenverhaftungen, Hinrichtungen, Verbannungen und Arbeitslager gehörten inzwischen zur gängigen Praxis der sowjetischen Politik – es war immer nur eine Frage der Zeit, bis aus zensierten Druckfahnen Todesurteile wurden. Lilja bekam die Sanktionen am eigenen Leibe zu spüren.

Noch galt: Der Zweck heiligt die Mittel, aber wie lange ließ sich das moralisch vertreten? Wurde Stalins Politik immer noch dieselbe Heiligkeit wie der marxistischen Lehre beigemessen? Nicht nur schwieg Aragon über die Ungeheuerlichkeiten, er legte sich sogar für Stalin ins Zeug, schrieb eine Lobrede auf den Diktator und rechtfertigte dessen Maßnahmen.

Der Aufenthalt des Jahres 1936 war jedoch der letzte in der Sowjetunion für längere Zeit. Zehn Jahre sollten sie nicht wiederkommen – es wurde immer schwieriger, die Augen vor dem wachsenden Terror zu verschließen. Für Aragons Freund und Biographen Pierre Daix ist es ein Phänomen, daß Aragon ausgerechnet während seiner Reisen in die Sowjetunion emsiger denn je an seinen Romanmanuskripten weiterschrieb. War er in Moskau, so beschwor er ein französisches Szenario – zurück in Paris, erschien ihm die kommunistische Sowjetunion wieder als das Gelobte Land am Horizont. Die Sprache funktionierte wie ein Kokon, in dessen Umspinnung der Schriftsteller vor der rauhen Wirklichkeit Schutz fand. Doch wer für den Sozialismus Literatur schreibt, liebt in erster Linie nicht die Politik, sondern das Schreiben an sich. Moralische Bedenken traten bei Aragon leicht zurück, wenn es eine Gelegenheit für ihn gab, sein episches Talent zu entfalten – eine psychische Disposition, die ihn noch in Schwierigkeiten bringen sollte. Der Kommunismus – ungeachtet der Tatsachen in der Sowjetunion – war ein Traumgebilde (wie die eigene Biographie), dem der Schriftsteller durch sein Werk zu konkretem Leben verhelfen konnte. Vielleicht war Aragon gar nicht zum Surrealisten geboren, weil er das Leben von Kindesbeinen an als surreale Inszenierung erfahren hatte und die Traumbilder nicht erst – wie Breton – aus den tiefsten Schichten der Seele hervorzaubern mußte? Er brauchte keine Hypnose, um die Worte aus sich hervorquellen zu lassen; kaum stand ein Satz auf dem Papier, folgten die nächsten wie von selbst, und die Handlung wob sich von allein weiter.

1937 wurde eine Reihe sowjetischer Generäle zum Tode verurteilt. Man erfand Vorwürfe, um die vermeintlichen Dissidenten zu beseitigen. Unter ihnen war ein gewisser Primakov. Er hatte im Bürgerkrieg gekämpft und war Liljas neuer Lebensgefährte gewesen. Über diese Jahre sagte Aragon später: «Man hat die Tatsachen vor der Nase und verweigert sich ihnen aus gutem Grund. Letztlich ist dies eine Kleinigkeit. Doch man muß nur den Zusammenhang wiederherstellen, das Detail ins Verhältnis mit der unendlichen Wirklichkeit setzen.»

Maurice Thorez, Generalsekretär der französischen Kommunisten, hatte Aragon die Leitung der neugegründeten Zeitung *Ce Soir* angetragen. Dieser Posten verhalf auch Elsa zu regelmäßiger journalistischer Tätigkeit. Unter dem Pseudonym «Prune», «Pflaume», versorgte sie die Leserinnen der Zeitung in der Rubrik «Ich hab nichts anzuziehen» mit praktischen Modetips und beantwortete Leserbriefe, in denen es hauptsächlich um Herzensangelegenheiten ging. Elsa, selbst am liebsten in einen Pelzmantel gehüllt, fragte sich in einem Brief an ihre Schwester: «Wie einsam müssen diese Menschen sein, daß sie einem Fremden schreiben, einfach ins Blaue hinein.» Die einsame Elsa schrieb inzwischen ganz etwas anderes: einen Roman. Sie vertraute sich Clara Malraux an, mit der sie damals befreundet war. Wenn Aragon das Haus verlassen hatte, was ja oft genug vorkam, setzte sie sich an seine Schreibmaschine. Sie schrieb in ihrer Muttersprache und übersetzte den Text dann Satz für Satz ins Französische. Nun lebte sie seit fast einem Jahrzehnt in Frankreich, zusammen mit einem Mann, der Franzose war, ihre Realität war nicht russisch, sondern französisch, und nur in dieser Sprache, der Sprache ihrer Mitmenschen, wollte sie schreiben. Zwar hatte sie das Französische von Kindheit an im Ohr, vom Kindermädchen gelernt, doch es kam nicht aus der Seele wie die Muttersprache. Die französischen Wörter erschienen ihr wie falsch aufgeklebte Etiketten auf den Dingen und Gedanken. Dieser Wechsel von einer Sprache in die andere kostete Elsa viel: «Ich litt physisch, als habe man mich in ein Gipskorsett gesteckt. Ich stieß überall an Grenzen, war von allen Seiten beschnitten, es fehlte mir an Worten, und die, über die ich verfügte, waren starr und nicht einfacher zu handhaben als verwickelter Stacheldraht.» Aragon bestärkte Elsa pausenlos darin, Beiträge für Zeitschriften zu verfassen. Es war also nichts Ungewöhnliches für ihn, sie über ein Blatt Papier gebeugt anzutreffen. Aber Artikel verfassen und Romane schreiben war zweierlei. Elsa hatte schreckliche Hemmungen gegenüber Aragon, dem Naturtalent, der sich in allen Genres bewegte wie ein Fisch im Wasser. In Moskau hatte sie zwar schon ihr Debüt als Schriftstellerin gehabt, doch das schien Äonen zurückzuliegen. Der Weg in die Sowjetunion war doppelt abgeschnitten, und sie war doppelt entmutigt.

Elsas Roman antwortete auf die Surrealisten. Diese hatten mit poetischen Mitteln gegen gesellschaftliche Mißstände protestiert. In den dreißiger Jahren bewegte der Fall einer jungen Frau die Gemüter, die Geschichte der Violette Nozière, die ihren Vater umgebracht hatte, weil er sie sexuell mißbraucht hatte. Sie wurde zu mehreren Jahren Gefängnis verurteilt. Für die Surrealisten war Violette keine Täterin, sondern Opfer einer kaputten Gesellschaft, und so gaben sie als Hommage an die Märtyrerin einen Gedichtband heraus. Doch was, fragte sich Elsa Triolet, nutzte das der Frau hinter Gittern? Sie erschien auf den Titelseiten der Regenbogenpresse, das Aufsehen um ihre Sache blieb jedoch ohne Folgen. «Eine merkwürdige Grisette, diese Violette Nozière. Seit damals erzählen uns Romane, Gedichte, Chansons immer wieder dieselbe Geschichte ... Entsetzlich jung zu sein, den lieben langen Tag in einem Schneideratelier zu arbeiten, sorglose Abende, mit einem Studenten Jugend und Elend zu teilen, begleitet vom Frühling und von Chansons ... Und schließlich ‹Adieu, Loulou ...›. Dieses Mißverhältnis zwischen den alten Gewohnheiten und der Wirklichkeit macht doch die alten Frauen lächerlich ...»

Die Surrealisten hatten die verkommene Welt in Szene gesetzt, Elsa Triolet wollte das Bewußtsein ihrer Leser verändern. Sie schilderte die Brutalität der Polizei während der

Demonstrationen im Februar 1934, beschrieb schäbige Wohnungen in Paris, versuchte, Privatleben und geschichtliche Zusammenhänge in Verbindung zu bringen. Während sie ihre alten Tagebücher aus den ersten Pariser Jahren durchsah, stiegen Erinnerungen an einsame Morgenstunden in verschiedenen Hotelzimmern in ihr auf. An einem nebligen Morgen, sie konnte sich zum Aufstehen, wie so oft, nicht entschließen, hatte sie plötzlich ganz in der Nähe eine Melodie gehört. «Ich riskiere ein Auge und sehe, daß es taghell ist, die Sonne scheint sogar, aber der Gesang endet nicht.» Es war kein Traum. «Eine Männerstimme, ich kann die einzelnen Worte hören: Auf französisch wird ‹Die Internationale› gesungen. Ich öffne weit die Augen, ohne mich zu rühren: Vor dem Fenster (ich bin im dritten Stock) balanciert ein Fassadenmaler lauthals singend auf einem Balken, der im Leeren hängt.»

In einem anderen Kapitel wird eine junge Frau von ihrem Geliebten hinters Licht geführt: Das Paar lebt zusammen, eines Tages erfährt sie durch Zufall, daß er in Waffengeschäfte verwickelt ist. Jean führt ohne Annes Wissen ein Doppelleben. Das vor ihr gehütete Geheimnis ist ein Vertrauensmißbrauch. Annes Verliebtheit ist schlagartig dahin. So denkt sich Elsa die Liebe: Sie muß ausschließlich sein. Elsas Totalitätsanspruch ist gleichzeitig ein Plädoyer für die Rechte und Pflichten der Frau: «Aus lauter Gewohnheit machen sich die Frauen keine Gedanken darüber, was die Zeitungen beschäftigt; sie schließen sich der Meinung ihrer Männer an. Und die Welt ist in mehr oder weniger stabilem Gleichgewicht, solange das Paar über die Frage der Silberlöffelchen in moralischem Einklang steht; doch sobald dieses Gleichgewicht ins Wanken kommt, wird die gesamte potentielle Ideologie erschüttert...» Politik durfte nicht allein den Männern vorbehalten sein. Elsa ging es um die absolute Übereinstimmung der Weltanschauung von Mann und Frau.

«Es kam der Tag, da Elsa ‹Bonsoir, Thérèse› abgeschlossen

hatte und Louis zu zeigen wagte. Und da geschah das Wunder: Aragon liebte das Buch und hatte den Mut, das auch laut zu verkünden», berichtet Clara Malraux. Endlich sagte Aragon das heißersehnte Wort: Schreib! Elsa traute ihren Ohren kaum, als Aragons Verleger Denoël ohne Umschweife verkündete, er wolle das Buch veröffentlichen. 1938 erschien «Bonsoir, Thérèse». Jetzt war Elsas große Stunde gekommen: In der Rue de la Sourdière knallten Champagnerkorken. Jean-Paul Sartre, damals selbst aufstrebender Schriftsteller und Philosoph, äußerte sich lobend in *Europe*, doch er wünschte sich weniger Worte: «Muß ein Ausdruck, um treffend zu sein, nicht stets *unterhalb* dessen bleiben, was der Autor sagen will?» Doch Elsas Deutlichkeit hatte Methode. Sie dachte an den Autor als «Ingenieur der Seele», wie er jetzt in der Sowjetunion geadelt wurde. In der Absicht, möglichst viele Leser zu erreichen, spickte sie ihre Beschreibungen mit Gemeinplätzen und Redensarten. «Es ist unser gemeinsames Anliegen, das Lesen zu fördern. Der Leser ist für das Buch unabdingbar. Ein Buch ohne Leser ist ein Kadaver.»

Elsa und Aragon fanden es zwar lächerlich, in den Stand der Ehe zu treten, aber jeder sprach von der drohenden Gefahr eines Krieges, und so besiegelten sie ihren Bund aus Gründen der Vernunft am 28. Februar 1939 im Pariser Hôtel de Ville. Nur als rechtmäßige Gattin könnte Elsa ihren Mann an der Front besuchen, nur als Kriegswitwe hätte sie ein Anrecht auf sein Erbe – das war allerdings mehr beschriebenes Papier als bare Münze. Doch es hatte seinen Wert: Statt auf Hochzeitsreise zu gehen, nahm das Paar eine Einladung der League of American Writers an und schiffte sich am 24. Mai 1939 nach Amerika ein, wo sie zwei Monate bleiben wollten. Um die Überfahrt bezahlen zu können, veräußerte Aragon das Manuskript der «Glocken von Basel».

Anfang Juni fand in der New Yorker Carnegie Hall wieder

ein Kongreß statt, auf dem zur Zusammenarbeit mit der Sowjetunion appelliert wurde, dem solidesten Bollwerk des Friedens. Die Unterzeichnenden des Manifestes und Redner – die prominentesten von ihnen sind heute Dashiell Hammett, Lillian Hellman, Dorothy Parker, Upton Sinclair – sollten in den fünfziger Jahren fast alle von McCarthy verfolgt werden. Elsa Triolet aber war glücklich: Ihr erster französischer Roman war verlegt und recht positiv aufgenommen worden; nun fühlte sie sich in den Rang einer Botschafterin der Kultur erhoben. Sie konnte Hammett sagen, daß sie seine Romane verschlinge; sie sah sich den aktuellen Broadway-Erfolg «Little Foxes» von Lillian Hellman an – ein Stück über ein schreibendes Paar, in dem Elsa und Aragon sich wiedererkannten. Sie wohnten in Connecticut, bei Matthew Josephson, einem Freund aus Dada-Tagen. Dieser entsinnt sich, daß seine Gäste in der Veranda zu sitzen pflegten und die Stille genossen. «Der Krieg zieht herauf», hatte Aragon an einem der lauen Sommerabende gesagt. «Ich glaube, dies sind die letzten glücklichen Tage ...»

Am 23. August 1939 wurde der Nichtangriffspakt zwischen Hitler und Stalin unterzeichnet. Paul Nizan sagte sich umgehend von der kommunistischen Partei los, nachdem dieser Verrat bekannt wurde. Ehrenburg verfiel urplötzlich in eine tiefe Depression, magerte zusehends ab, schien die Sprache verloren zu haben. Malraux, kein Parteimitglied, hielt sich bedeckt. Aragon, der inzwischen als Herausgeber von *Ce Soir* regelmäßig Artikel zum politischen Geschehen verfaßte, konnte sich nicht um eine Stellungnahme drücken. Unter dem Titel «Es lebe der Frieden!» rechtfertigte er das Bündnis im Namen der Entspannung und folgte damit dem Kommando der KPF, die den Pakt als Antikriegsbündnis verstanden wissen wollte. Am 24. August 1939 schrieb er: «Das Dreimächtebündnis (nicht nur ein einfacher Nichtangriffspakt, sondern gut und gern eine Allianz, die das Hauptstück der Friedensfront bleibt) wird den deutsch-sowjetischen Nichtangriffspakt auf das trefflichste vervollkommnen.» In jenen Tagen mußten die französischen Kommunisten Position beziehen: Bewiesen sie Loyalität mit der KPdSU, erklärten sie sich auch mit dem Bündnis einverstanden, doch dadurch wurde der Kommunismus als Antifaschismus zweifelhaft. Bei weitem nicht alle Parteimitglieder zeigten sich einverstanden: Von siebzig kommunistischen Abgeordneten reichten zwölf ihren Rücktritt ein. Die Skeptiker behielten recht: Keine zwei Jahre lagen zwischen dem Pakt und Hitlers Überfall auf die Sowjetunion. Die Bündnispolitik hatte Hitler den Rücken gestärkt, statt ihn zu schwächen; die Deutschen marschierten am 1. September 1939 in Polen ein. Zwei Tage darauf erklärten Frankreich und England Deutschland den Krieg. Für die Parteitreuen, denen Hitler immer noch als ernst zu nehmender Bündnispartner galt, standen Frankreich und England jetzt gar als Angreifer da. Die Regierung löste die kommunistische Partei und all ihre Organe auf, auch *L'Humanité* wurde verboten.

In einem Augenblick also, da sich das gemeinsame Leben für Elsa und Aragon ordnete, Elsa ihren Durchbruch als französische Schriftstellerin erlebte, Aragon seine doppelte Karriere als Journalist und Schriftsteller ausbaute, brach der Zweite Weltkrieg aus. Aragon wurde am 2. September 1939 einberufen, zum zweiten Mal in seinem Leben. Plötzlich fand Elsa sich wieder allein in Paris.

Liebe im Widerstand

Aragon wurde zuerst einer Arbeiterbrigade zugeteilt – reine Beschäftigungstherapie, wie er meinte. Es herrschte noch die Phase des *drôle de guerre*, des «komischen Krieges», als Soldaten an der Verteidigungslinie die Zeit mit Fußballspielen totschlugen. Wie schon einmal wurde er Hilfsarzt in einem Militärkorps. Erst Ende Februar 1940 wurde er in die Truppe eingezogen und kam nach Condé-sur-l'Escaut im Norden des Landes. Frankreich verschanzte sich hinter der Maginotlinie wie ein Strauß, der den Kopf in den Sand steckt. Am 10. Mai hatten die Deutschen die Linie, die als uneinnehmbare Befestigung gegolten hatte, kurzerhand umgangen. Jetzt begann der Ernst des Krieges: Aragon wurde nach Dunkerque geschickt und am 1. Juni auf ein Bombenabwehrschiff, das unter dem Namen «Operation Dynamo» in Richtung Plymouth unterwegs war, um französische und englische Soldaten nach Großbritannien zu bringen. Die meisten Männer der französischen Eskorte wurden gefangengenommen, aber Aragon war nicht darunter. Zurück von der Expedition, konnte seine Division den Deutschen entkommen und überquerte die Demarkationslinie zur Zeit des Waffenstillstands. Am 22. Juni war das Land zur Hälfte, südlich der Loire, durchschnitten. Der Norden unterstand der deutschen Besatzung, den Süden regierte die kollaborierende Vichy-Regierung unter dem greisen Marschall Pétain.

Nach einem halben Jahr konnten sich Elsa und Aragon in Javerlhac, einem Dorf in der Dordogne, wieder in die Arme schließen. Auf gut Glück hatte sie ein Telegramm an seine Militäradresse geschickt. «Als einzigen Anhaltspunkt des Regimentes, dem Du angehörtest, hatte ich die Sonne von Austerlitz. Diese Sonne führte mich zu Dir wie der Stern die Heiligen Drei Könige.» Das Paar war wieder vereint, doch all ihr Hab und Gut in der Pariser Wohnung war dem Ungewissen ausgeliefert. Die Wohnung in der Rue de la Sourdière war gleich nach Aragons Abreise am 6. Oktober durchsucht und sämtliche Papiere beschlagnahmt worden. Man hatte Elsa auch über den Verbleib ihres Mannes ausgefragt, doch wußte sie nicht einmal, ob er überhaupt noch am Leben war. Am 31. Juli wurde Aragon entlassen. Die Wohnung in der Rue de la Sourdière sollten sie erst nach der Libération, im September 1944, wieder betreten.

Paris war unterdessen, am 14. Juni 1940, kampflos von deutschen Truppen besetzt worden und hatte sich ergeben. Vorher hatte es ein paar Luftangriffe auf Paris gegeben, die jedoch in erster Linie zur Einschüchterung geflogen wurden; nichts war passiert. Nur wenige Leute nahmen die Aufrufe ernst, die zu Luftschutzbunkern umfunktionierten Metrostationen aufzusuchen. Der Verkehr stand bei solchen seltenen Fällen von Luftalarm zwar still, aber immer noch bewegten sich mehr Menschen auf den Straßen als bei einem niedergehenden Platzregen. Die Pariser veränderten ihre Lebensgewohnheiten kaum, gewisse kriegsbedingte Einschränkungen gehörten bald zum Alltag, wie die abgedunkelten Scheiben oder routinemäßige Kontrollen an den Ausfallstraßen von Paris. Am ärgerlichsten war immer noch, daß das Gas bei Luftalarm abgestellt wurde und man sich dann kein warmes Essen zubereiten konnte. Zwar schmeckte der Gerstenkaffee mit Saccharin scheußlich, den die Kellner jetzt statt des Crème servierten, doch den Rationierungen von Lebensmitteln wurde flugs mit der Organisation eines florierenden Schwarzmarktes begegnet. Eine einzelne, im Jardin du Luxembourg postierte Fliegerabwehrkanone wirkte wie die stehengelassene Requisite aus einem Film, und der diesmal mit Macht hereinbrechende Frühling gaukelte den Parisern mit ersten Blüten und lauen Temperaturen ungetrübte Harmonie vor. Erst als die deutsche Armee auf Paris marschierte, wurde den Franzosen, die sich bislang immer noch auf den Siegerlorbeeren des Ersten Weltkriegs ausgeruht hatten, das ganze Ausmaß des Krieges klar. Erst als der Feind vor der Tür stand, brach in der Hauptstadt endlich hektische Betriebsamkeit aus. Die Zivilbevölkerung wurde durch Radio- und Lautsprecheransagen aufgefordert, die Stadt binnen vierundzwanzig Stunden zu verlassen, und bald nahm der Exodus aus Paris biblische Dimensionen an. An einem sonnigen Maitag bewegten sich Menschenkarawanen gen Süden aus der Stadt heraus; auf Gepäckträgern von Fahrrädern, Handkarren, Pritschenwagen und auf Autodächern türmten sich die Habseligkeiten der Flüchtlinge. Viele Künstler ließen ihre Ateliers zurück und sahen ihre besten Arbeiten nicht wieder. Seit dem Münchener Abkommen 1938 hatte Gefahr in der Luft gelegen, doch der Tanz auf dem Vulkan hatte die Tatsachen vergessen lassen. Man Ray gab zu, sich mehr für Partys und Ausstellungen als für die Beschlüsse der Politiker zu interessieren, und die Vorausschauenden unter den Künstlern hatten vielleicht doch zu stark an die Macht des wachsamen Geistes geglaubt. Elsa hatte im August noch die Nummer von *Europe* in Empfang genommen, mit der Ankündigung ihrer Erinnerungen an Majakowskij, deren Niederschrift für sie zu einer Reise in die Vergangenheit wurde.

Die Zensur der Nazis griff unverzüglich durch. Die Propagandaabteilung stellte einen Mitarbeiterstab zusammen, der über allem wachte, was veröffentlicht und aufgeführt wurde. Flugs wurde die sogenannte Liste Otto herausgegeben, auf der alle künftig mit Publikationsverbot belegten Autoren aufgeführt waren. Aragon war darauf verzeichnet, aber Elsa Triolets Name fehlte. Er war als linker Publizist gesucht, aber sie war als Schriftstellerin einfach noch zu unbekannt.

Erst sehr spät, 1944, kam das «Kommissariat für Judenfragen» ihr auf die Spur und fahndete nach der einstigen Geliebten des russischen Poeten Maikovicz – zweifellos war Majakowskij gemeint – und der jetzigen Ehefrau des kommunistischen Schriftstellers Louis Aragon, in den Akten als Halbjude registriert.

Die Verleger mußten sich nun Strategien überlegen – sofern sie es konnten: Calman-Lévy, ein Verlag mit jüdischem Gründungsvater, wurde umgehend konfisziert. Gaston Gallimard ergriff die erstbeste Gelegenheit, seine Geschäfte fernab der Hauptstadt, in die Normandie, zu verlegen, Grasset ließ sich mit den Besatzern ein. Aragons Verleger Denoël verfolgte eine umstrittene Strategie. Unter seinem Signet erschienen während der Okkupation Werke von Kollaborateuren, aber auch Eugène Dabits populärer Roman «Hôtel du Nord», Aragons «Viertel der Reichen» und ein Novellenband von Elsa Triolet, «Mille Regrets», «Mit tiefstem Bedauern». Gleichzeitig ließ Denoël die Leser der Kollaborationszeitschrift *La Gerbe* wissen: «Die Autorin von ‹Mille Regrets› ist auf dem Weg zur Berühmtheit.» Da waren Elsa Triolet und Louis Aragon jedoch schon unauffindbar.

Elsa hatte Paris am 10. Juni 1940 in Richtung Bordeaux verlassen, gerade noch rechtzeitig, um nicht in die Massenflucht hineinzugeraten, in der Handtasche einen Brief, den Aragon ihr von der Front geschickt hatte: «Ich habe alles, was ich brauche, außer Dir. Ich denke an Dein Haar unter dem Netz, an Deine Augen, die mich nun an alle blauen Lampen erinnern, ich denke an all Deine Sanftmut, und ich habe meine Lippen auf mein Taschentuch mit Deinem Rouge gedrückt. Meine Liebe, meine Liebe …»

Nach Paris führte kein Weg zurück, weil man das Paar dort sofort verhaftet hätte. Der Weg ins Exil erschien vielen Juden und Kommunisten als die sicherste Rettung. In den Hafenstädten des Südens kamen täglich neue Flüchtlinge an, die auf eine Schiffspassage warteten. Die Überseedampfer waren ständig ausgebucht, und wenn dann doch einmal eine Kabine frei wurde, konnte es passieren, daß das Visum inzwischen schon wieder abgelaufen war. Breton war bereits in Marseille, wo er zusammen mit anderen Surrealisten in einer alten Villa auf ein Visum für die Vereinigten Staaten wartete. Die bange Wartezeit vertrieb man sich dort mit surrealistischen Spielen und der Jagd auf seltene Schmetterlinge.

Doch die sogenannte freie Südzone war bei weitem nicht frei. Die Vichy-Regierung kollaborierte mit den Deutschen in Paris, und bald begann man auch hier Juden zu verfolgen. Deutsche Flüchtlinge, die in Frankreich bislang Zuflucht gefunden hatten, wie die Schriftsteller Walter Benjamin und Franz Hessel, saßen plötzlich in einer Falle, auch der alte Freund Max Ernst. In aller Eile wurden Internierungslager eingerichtet, in die Ausländer und «unerwünschte Personen» gepfercht wurden. Elsa und Aragon überlegten nicht lange, was zu tun sei. Was hatten die vielen Tagungen und endlosen Diskussionen in den letzten Jahren letztendlich bewirkt? Man war geradewegs auf den Abgrund zugesteuert. Sollte man denn aus dem Exil mit dieser Politik der Reden und Traktate fortfahren? Besonders Elsa verspürte eine gewisse Wandermüdigkeit. Wenn sie schon gezwungen war, abermals ihre Koffer zu packen, so befremdete sie der Gedanke, schon wieder in ein neues Land mit unbekannten Gewohnheiten und fremder Sprache zu gehen. Sie jonglierte nicht mit drei Sprachen gleichzeitig wie ihr Landsmann Vladimir Nabokov, der beim Einmarsch der Deutschen von Paris nach Amerika weitergezogen war. Sie experimentierte nicht mit der Fremdsprache wie der Ire Samuel Beckett. Gerade hatte sie sich als Schriftstellerin das Französische erobert. Elsa wußte seit der Niederschrift von «Bonsoir, Thérèse», daß sie dem Unrecht schreibend begegnen wollte. Und Aragon erklärte in «Arma virumque cano»: «Ich singe, weil das Gewitter nicht stark genug ist, um meinen Gesang zu übertönen, und weil man, was immer man morgen auch tun mag, mir zwar dieses Leben, nicht aber meinen Gesang wird nehmen können.» Die BBC sendete de Gaulles Botschaft aus London: «Was auch immer geschehen mag, die Flamme des französischen Widerstandes darf nicht erlöschen und wird nicht erlöschen.» Das Wort «Résistance» war gefallen. Das Paar war bereit, sich ihr anzuschließen.

«Meine lieben Freunde, wir sind am Leben und bei Gesundheit. Mein Mann ist ohne einen Kratzer zurückgekehrt, dabei hat er einen Feldzug in Flandern, einschließlich Dunkerque, und einen in Frankreich mitgemacht. Nach Hause können wir noch nicht», schrieb Elsa ihrer Schwester am 2. Oktober 1940, «darum suchen wir hier und da ein bißchen nach Arbeit und haben keine feste Adresse.» Die Verbindung mit der Organisation nahmen sie im Juni 1941 auf. Gemeinsam mit Georges Dudach, einem Abgesandten des Pariser Parteibüros, der die geheimen Schleichwege kannte, traten sie die gefährliche Expedition über die Demarkationslinie an. Sie hatten die Loire bereits überquert und waren in einem kleinen Ort namens La Haye-Descartes, benannt nach seinem berühmten Sohn, angekommen, wo sie sich in Sicherheit wähnten, da wurden sie von einem Trupp deutscher Soldaten, der hinter der Linie wartete, aufgegriffen. Sie wurden nach Tours gebracht und verhört, weitere Torturen blieben ihnen erspart. Man konnte ihnen wie durch ein Wunder nichts nachweisen, und sie wurden nach zehn Tagen wieder auf freien Fuß gesetzt. Dudach und andere Kommunisten, die man festgenommen hatte, wurden kurze Zeit später erschossen.

Elsa und Aragon ließen sich in Nizza nieder, unweit des prominenten Cours Saleya: «Wir lebten zwischen Meer und Blumen. Zwischen ‹einem Meer auf der Erde› und dem Blumenmarkt lebten wir in zwei gewölbten Zellen, sie waren weiß und erinnerten an Eierschalen, nur daß die Eierschalen dick waren wie Festungsmauern. Aber vielleicht kennen Sie diese kleinen, eingeschossigen Häuser, die wie ein unzusammenhängendes Bollwerk zum Meer hin wirken, im Rücken eine Straße: die Cité du Parc.» Im Eßzimmer stand ein verschnörkeltes Buffet aus schwerem Eichenholz, das ihnen als Bücherregal diente. An den Wänden hingen lauter alte, blaustichige Photos, Ansichten von Paris, die noch aus der Zeit vor dem Krieg von 1870 stammten. Leben konnten sie während dieser Zeit von den Tantiemen für die Übersetzung von «Die Reisenden der Oberklasse», Aragons jüngstem Roman aus dem Zyklus der «Wirklichen Welt», der inzwischen in Amerika erschienen war. «Vom Zimmer aus sah ich, ob ich saß oder lag, nur das Meer», schrieb Elsa. «Nur das Meer konnte ich hören, ich höre es noch immer, das Geräusch der Brandung, das den Lärm und die Stille der Welt in sich trägt.» Nie jedoch waren die Bläue des Meeres und des Himmels trügerischer als damals, eine zauberhafte Kulisse für etliche Menschen, die sich fragten, wie das Leben für sie weitergehen sollte. «Man begegnete vielen Nomaden wie uns, von denen in Nizza die Hotels, Straßen, Cafés, Kinos und Geschäfte zum Bersten voll waren. Es gab auch diese merkwürdigen Leute, die Ortsansässigen, die an der Küste wohnten, ohne von anderswo vertrieben worden zu sein, die dort ihre *feste Adresse* hatten.» Sie sahen die bekannten Gesichter aus der Hauptstadt wieder. Gide, Picasso, André, Roger Martin du Gard und Matisse hatten an der Côte d'Azur ihre Zelte aufgeschlagen. Bei dem siebzigjährigen Matisse gingen Elsa und Aragon bald ein und aus; er hatte sich hoch über der Stadt in Cimiez, im pompösen Belle-Époque-Hotel Régina einquartiert, von wo der Blick frei über das Meer und auf die Berge schweifen konnte. Während sie auf der Hotelterrasse oder in Matisses Zimmer saßen, in dem seine Gemälde sich stapelten, fertigte der Maler wie beiläufig Porträts seiner beiden Gäste an. Beim Zeichnen bemerkte er, daß Elsa und Aragon sich immer ähnlicher sahen: Elsa, das klänge wie «elle», und Louis klänge wie «lui» – sie und er. Elsa und Louis, eine Frau und ein Mann – der zufällige Gleichklang machte aus ihren Namen geradezu elementare Grundbegriffe des Menschengeschlechts.

Der französische Süden, wo Elsa und Aragon jetzt lebten, war ein geschichtsträchtiger Boden. Die prächtigen Portale der mittelalterlichen Kathedralen von Carcassonne und Poitiers, von Avignon und von Arles kündeten von einer Zeit, etwa um 1200, in der die Kultur eine Hochblüte erlebt hatte. Troubadours zogen durch die Lande, machten halt bei Hofe und priesen mit ihrem Gesang ihre auserwählte edle Dame. Doch die war verheiratet und somit unerreichbar, was die Schönheit der Verse nur steigerte. Die Lieder der Troubadours ohne Hoffnung auf erfüllte Liebe galten der Sehnsucht, sie waren der pure poetische Ausdruck der Liebe und eine Huldigung der Schönheit. Aragon hob die alten Schätze, zeigte «in der Stunde des tiefsten Hasses einen Augenblick lang meinem zerrissenen Lande das strahlende Antlitz der Liebe». 1941 erschien die Gedichtsammlung «Le Crève-cœur», «Das Herzeleid». Damit eröffnete er, wie ein alter Minnesänger, einen Reigen von Gedichten auf seine Dame, auf Elsa. «Du bist die einzige Familie, zu der ich mich bekenne, ich sehe die Welt mit Deinen Augen.» «Les Yeux d'Elsa» erschien 1942:

> «So tief sind Deine Augen, daß, wenn ich mich darüberbeuge, um zu trinken
> Ich alle Sonnen darin spiegeln sehe
> Alle Verzweifelten, die sich zum Sterben in sie stürzen
> So tief sind Deine Augen, daß ich darin das Gedächtnis verliere.»

François la Colère, Franz der Zornige, wie Aragon sich jetzt nannte, war ein aufrechter Verwandter von Richard Löwenherz und Chrétien de Troyes; er besang, schwermütig und zornig zugleich, die Augen Elsas, das Herzeleid, die getrennten Liebenden und die gemeinsame Zeit, die ihnen durch den «modernen Schrecken» versagt blieb. Elsa wurde für Aragon, was die angebetete Laura dereinst für Petrarca, Beatrice für Dante gewesen war. Elsa war der Name für die Liebe, für die Freiheit geworden und für die Heimat Frankreich, *la patrie*. In einem Text über seine Dichtung, «La Leçon de Ribérac», erklärt er: «Der Kult der Dame, der hier mit der Mission des Menschen verbunden ist, erleuchtet erst diese gerechte und wahre Mission.» Die Lieder der Liebenden, allen Widerständen zum Trotz, trafen den Nerv der Zeit. Bis 1942 konnten die Texte noch bei Gallimard erscheinen. Die Zensurstellen schöpften keinerlei Verdacht, denn in Aragons Versen ging es ja um die Liebe – auf den ersten Blick. Wer wollte, konnte seine Liebesgedichte freilich auch als verschlüsselte Botschaften lesen, und bald galten sie auch als Losungsworte der Résistance, die sogar von Charles de Gaulle über Radio Algier rezitiert wurden.

Elsa selbst übernahm riskante Kurierdienste, reiste in überfüllten Zügen, immer begleitet von der Angst vor Razzien. Die Wege zu den konspirativen Wohnungen waren nervenaufreibend. Viele Zellen waren ganze Fußmärsche von einer Bahnstation entfernt, und immer mußte sie darauf achten, daß sich niemand an ihre Fersen geheftet hatte. Sie kannte sich bald aus auf dem Schwarzmarkt, wo sie das wertvolle Papier für die *Lettres Françaises* und die Widerstandsbroschüren der Bibliothèque Française beschaffte, die sie dann eigenhändig verteilte. Aber sie bemühte sich auch darum, den Alltag so behaglich zu machen, wie es irgend ging. Lebensmittel waren rationiert: Statt Marmelade verkaufte man überall eine braune, gallertartige Masse, die aus gepreßten Trauben hergestellt wurde und bitter schmeckte. Allmählich wurde es auch schwierig, an Wein oder Cognac heranzukommen. Während sie in der Schlange vor einem Lebensmittelgeschäft wartete, dachte sie daran, daß die Not des Bürgerkrieges in der Sowjetunion, der sie entflohen war, sie wieder eingeholt hatte. Während ihr eigener Name wie ein Zauberwort in aller Munde war, hatte Elsa trotz des vielen Organisierens viel freie Zeit, in der sie sich aufs neue fragen konnte, warum sich das Leben immer genau dann wieder verdüsterte, wenn sie Licht am Ende des Weges sah: «Wäre das Schreiben nicht gewesen, hätte ich womöglich Hand an mich gelegt, so schwer und furchtbar war das Leben zuweilen. Das Schreiben wuchs mir ans Herz, es ersetzte mir die Freunde, die Jugend und vieles andere, was einem im Leben fehlt.»

Aragon sah Elsa emsig Seite um Seite mit ihrer regelmäßigen Schönschrift bedecken, manchmal sogar, wenn sie im Bett lag. Immer wenn er von einer seiner Missionen zurückkehrte, war ein Manuskript um etliche Seiten angewachsen, und Elsa las ihm vor, was sie geschrieben hatte. Es war wieder ein Roman. Darin folgte sie Aragon, «dem schönen Jungen, der sich in seiner Epoche verlor ...». Mit der Feder in der Hand erfand sie sich ihren Helden: Michel Vigaud, einen Mann, «der die Frauen liebt, ohne ein Don Juan zu sein», einen Ritter des Mittelalters, beseelt von dem Traum, eine Stadt und eine Schöne von einem Drachen zu befreien, hungrig nach Liebe, aber bereit, sich selbstlos für das Gute zu opfern. «Er war unverletzbar, man konnte ihn nicht treffen. Bis zu der Begegnung mit der Dame, die sein Herz gefangennahm, lebte er wie ein Bewußtloser.» Das war deutlich: Mit Michel Vigaud erschuf sich Elsa einen chevaleresken Aragon. Zum ersten Mal ging sie auf das schöpferische Spiel ein, mit dem sich das Paar eine zweite, literarische Existenz erschuf, in der ihre Liebe wie in der Lyrik der Troubadours zu einem geistigen Ideal emporgehoben wurde. Diese Liebesgedichte sind dabei alles andere als erotisch, es sind Preisgesänge auf die Idee des Weiblichen. Man fragt sich, was sich zu jener Zeit wirklich zwischen den Liebenden ereignete. Nur an einem literarischen Bekenntnis läßt sich ablesen, daß das Begehren sich aus dem Leben des Paares gestohlen hatte. In ihrer Erzählung «La Vie privée» souffliert

Elsa ihrer Protagonistin: «Ich habe dir gesagt, daß wir wie Bruder und Schwester leben. Wenn man ein Liebespaar ist wie wir, hat man das ganze Leben vor sich.» Elsa schien Sexualität aus ihrem Leben verbannt zu haben, und Aragon sublimierte poetisch. Möglicherweise war das nicht alles – vielleicht besuchte er, wenn er wie jetzt so oft allein unterwegs war, in alter Gewohnheit Bordelle und Huren, die mit seiner Madonna nichts zu tun hatten.

Im Mai 1943 konnte Elsas «Das weiße Pferd» bei Denoël in Paris verlegt werden. Doch während man in den Buchhandlungen von Paris den Roman einer so gut wie unbekannten Autorin namens Elsa Triolet kaufen konnte, sannen im Midi zwei Schriftsteller über passende Decknamen und geeignete Schlupfwinkel nach. Die Ruhestunden mit Matisse auf der Terrasse des Hôtel Régina gehörten bald der Vergangenheit an. Am 2. November 1942 besetzten die Italiener Nizza, und das Paar ging unverzüglich in die Illegalität. Sie wußten, was diese Entscheidung bedeutete: ein ständiges Versteckspiel, das Durcheinander flüchtig gepackter Koffer. Um inkognito zu bleiben, wechselten sie die Behausungen in den nächsten Jahren so häufig, daß sie manchmal selbst nicht mehr wußten, welcher Schlüssel zu welcher Tür paßte. Sie lebten zuerst in einem Hotelzimmer in Avignon, das so klein war, daß man sich nur auf das Bett setzen konnte. «Und die Verzweiflung, mit keinem zu teilen / Zimmer folgte auf Zimmer und Nacht auf Nacht / Als ob der Arm des Würgeengels nach uns griff.»
Dann brachen sie wieder auf und vertauschten das provenzalische Idyll gegen einen unwirtlichen Ort im Gebirge oberhalb von Dieulefit in den provenzalischen Alpen. Nur langsam ging es in ungeheizten Zügen voran, die letzte unwegsame Strecke bis zu ihrem Versteck mußten sie zu Fuß zurücklegen. «Wir gaben ihm den konspirativen Namen *der Himmel*: eine freistehende Häuserruine inmitten dreier Ge-

meinden, so daß man nicht wußte, zu welcher sie gehörte. Es war so, als existiere sie gar nicht. Von der Welt abgeschnitten, versunken im Schnee des Winters 1942, unauffindbar, jede Verbindung praktisch unmöglich gemacht ...» Hier waren sie sicher, doch ausrichten konnten sie von diesem Wolkenkuckucksheim aus nichts. Sie mußten so schnell wie möglich aus diesem seltsamen, leeren Himmel herabsteigen und wieder besetztes Gebiet betreten. Doch dort konnten sie mit ihren Identitäten nicht überleben. Elsa ergriff die Initiative: «Ich machte mich auf den Weg nach Lyon, um uns falsche Papiere zu beschaffen.» In Lyon logierte eine gewisse Madame Castex im Hause von René Tavernier – Herausgeber der Zeitschrift *Confluences* – und wartete ungeduldig auf die Ankunft von Monsieur Castex, der ein paar Tage später nachkommen wollte. Mit Hilfe von einigen Verbindungsleuten, zu denen auch Albert Camus gehörte, bekamen sie die Ausweise. «Zum neuen Jahr 1943 waren wir in Lyon und hattes alles im ‹Himmel› gelassen, was wir besaßen. Vom obersten Stockwerk eines Hauses in Monchat aus, einem Vorort von Lyon, lernte ich diese Stadt kennen, trostlos wie ein staubiges Rechtsanwaltsbüro, gepflastert mit alten Familienarchiven, die den Grabkammern auf einem Friedhof glichen.» Lyon war überfüllt von Menschen, die aus dem besetzten Paris in diese «Hauptstadt der Résistance» kamen, war «durchdrungen von intensivem und gefährlichem Leben, heimgesucht von Massenverhaftungswellen, sich am Schwarzmarkt bereichernd, an seinen Gefängnissen leidend...». Die Menschenjagd in Frankreich verschärfte sich: Längst wurden auch Juden aus der Südzone in die Vernichtungslager des Ostens deportiert. Einem Besuch Pétains in Lyon oder Nizza gingen rigorose Razzien voraus, alle Verdächtigen wurden für Tage oder Wochen im Gefängnis festgehalten oder verschleppt.

Um der Kontrolle der deutschen Zensur und jedem Kompromiß zu entgehen, wurden Zeitschriften ins Leben gerufen: *L'Étoile* – der Name ergab sich daraus, daß die Untergrundzellen jeweils aus fünf Mitgliedern bestanden – und die *Lettres Françaises*, nach dem Krieg maßgebliches Kulturblatt der französischen Linken. Jeder Leser war aufgefordert, sein Exemplar mit fünf Durchschlägen abzutippen und weiterzureichen. Das Schneeballprinzip bewährte sich. Auch wurde 1942 ein Verlag gegründet, die Éditions de Minuit unter Leitung von Jean Paulhan. Der erste Titel war «Das Schweigen des Meeres» von Vercors, Prototyp des Résistanceromans. Jeder Ausgabe der im kleinen, handlichen Format erscheinenden Bücher war dasselbe Motto vorangestellt: «Es gibt in Frankreich noch Schriftsteller, die sich dem Kommando verweigern.» Die Autoren publizierten unter Pseudonym, Aragon nannte sich François la Colère, Elsa war Laurent Daniel. Éluard, der zum Berater des Verlages ernannt worden war, agierte von seiner Pariser Wohnung aus, obwohl dies lebensgefährlich war. Aragon und Éluard, die beiden geschiedenen Geister der surrealistischen Gruppe, fanden jetzt wieder zueinander; sie hatten sich ein gutes Jahrzehnt nicht mehr gesehen. Mit seiner Frau Nusch erwartete Éluard Aragon und Elsa in Paris auf dem Bahnhof. Nun zeigte sich, daß sie sich über das Gebot der Stunde einig waren: im Lande zu bleiben und für die Résistance zu schreiben, während Soupault inzwischen als Journalist in Nordafrika tätig war und Breton in New York surrealistische Ausstellungen organisierte.

Aragon wurde die Leitung der Widerstandsgruppe in der Südzone übergeben. Derweil Paulhan sich um den Norden des Landes kümmerte, trommelten Elsa und Aragon die Schriftsteller im Süden des Landes zusammen. Gaullisten, Pazifisten und Kommunisten bildeten das Comité National des Écrivains. Sartre berichtete später von öden Sitzungen, bei denen viel geredet wurde, die aber zu nichts führten. Damit rechtfertigte er sicherlich seine eigene Haltung: 1943 fand die Uraufführung seines Theaterstückes «Die Fliegen» im besetzten Paris statt. Sartre glaubte daran, daß seine subversive Botschaft verstanden würde, aber die Untergrundleute waren anderer Auffassung. Sie glaubten, er halte den Anschein des funktionierenden Kulturlebens in der Metropole aufrecht. Sie hielten es mit Brechts Herrn Keuner, denn sie wollten «kein Rückgrat zum Zerschlagen» haben und länger leben als die Gewalt.

Texte verhalten sich wie Menschen in ihrer Epoche: Romane sind nur mit Zeit und Muße zu schreiben und zu lesen; Gedichte und Kurzprosa gehören schnellebigeren Zeiten an. Aragons Verse gediehen auf dem gefährlichen Terrain der *clandestinité*, wie das heimliche, konspirative Schreiben auch genannt wurde. In jenen Jahren erschien eine unüberschaubare Menge von Gedichten und Artikeln in verschiedenen Verlagen und Zeitschriften. Ihre Veröffentlichungsgeschichte nachzuvollziehen ist so mühsam, wie dem Paar in seine wechselnden Unterschlüpfe zu folgen. Wann immer Aragon als Drahtzieher zwischen den Zellen in gefährlicher Mission unterwegs war, mußte Elsa allein mit ihren Befürchtungen fertig werden. Solange sie in Nizza wohnten, war oft Besuch aus Paris gekommen, aber jetzt war jedes Treffen mit anderen Widerstandskämpfern ein Risiko. Das Schreiben war oft ihre einzige Gesellschaft in der Einsamkeit, und die Zwiesprache mit den ersonnenen Figuren auf dem Papier eine Fortsetzung ihres Selbstgesprächs. «Ich schrieb, ich wartete. Zwischen zwei Reisen. Schreiben war meine Freiheit, meine Herausforderung, mein Luxus. Niemand konnte mich daran hindern, eine Wirklichkeit zu erfinden.» Unter Pseudonym erschien eine Reihe von Erzählungen, die als hosentaschengroße Broschüren und in Abschriften weitergereicht wurden. In den Éditions de Minuit erschien Aragons «Le Musée Grevin», «Das Wachsfigurenkabinett», und Elsa Triolets «Die Liebenden von Avignon». Aus dem Leben gegriffen ist das Schicksal der Résistancekämpferin Juliette Noël, Elsa

Triolets literarisches Double, deren mutige Unternehmen auch ein Dokument ihrer wahren Feldzüge im Untergrund sind. Diese Novelle gab jedoch Anlaß zu Unstimmigkeiten: Paulhan lehnte den Text ab. Er sei für die kleine Reihe zu umfangreich, Elsa wisse doch, daß die Papierrationen begrenzt seien. Aber das glaubte sie ihm nicht; sie verdächtigte Paulhan vielmehr, grundsätzlich an ihren schriftstellerischen Fähigkeiten zu zweifeln. Aragon beschwichtigte, vermittelte: «Elsa ist jemand, der sich schreibend beschäftigen muß, wenn Sie verstehen, was ich meine. Denn unter diesen Umständen wird es vorangetrieben und vertieft sich. Ich habe keine Angst, mich lächerlich zu machen, wenn ich von dem spreche, was meine Frau schreibt. Ich glaube, sie findet Wege des Ausdrucks, die uns verschlossen bleiben. Die mir zumindest strengstens verboten sind.»

Elsas Mißtrauen war nicht unbegründet. In Aragons Briefen an Paulhan stand zwischen den Zeilen auch die Kritik des Sprachkünstlers an Elsas Erzählweise. Aragon warb nicht etwa für die Novelle, er bat um Verständnis für die Lage seiner Frau: «Sie machen sich keine Vorstellung von Elsas Einsamkeit. Dieses Lebenszeichen ist ein Fenster, das sich einen Moment lang öffnet, verstehen Sie mich richtig.»

Zu guter Letzt erschien die Novelle dann doch in zwei Teilen, aber Elsa war verstimmt. Sie spürte, daß Aragon nicht wirklich zu ihr stand, daß seine Stirn sich umwölkte, wenn er sie schreiben sah. Sie merkte, daß er jetzt nicht länger ihr einziger Rückhalt war. Sie hatte selbst Gefallen an der Sprache gefunden, dieser Geliebten, die jetzt auch ihr gehörte und mit der sie sich ihre eigene Welt erschuf. Je schlechter die Zeiten wurden, um so besser für Elsas Schreiben. Die Aufgabe der Literatur stand ihr jetzt wieder genauso deutlich vor Augen wie zu der Zeit, da sie Majakowskij kennengelernt hatte: «Das war Revolution. Das wurde mit Versen gemacht ...» Elsa vermochte sich sprachlich auf dem schmalen Grat dessen zu bewegen, was zu veröffentlichen erlaubt war und trotzdem als subversive Botschaft verstanden wurde. In der Unfreiheit hatte sie sich freigeschrieben; sie fühlte sich nicht länger als Gefangene einer Fremdsprache. Dem Freund und Kollegen Claude Roy schien es gar, «daß Aragon und Elsa nie glücklicher und freier gewesen sind als in jenen Jahren voller Not und Hindernisse. Aragons Sprache erhob sich mit derartiger Gewalt und Geschicklichkeit, daß sie von einem Ende Frankreichs zum anderen widerhallte.» Auch Sartre gab zu, er habe sich niemals freier gefühlt als unter den Deutschen. Endlich wurde der Schriftsteller gebraucht, hatte er eine Legitimation.

Irgendwann, nachdem die Deutschen mehrere Verstecke ausgehoben hatten, wurde von den Anführern des Widerstands die Parole ausgegeben, daß sich die Maquisards aus Sicherheitsgründen einzeln an unterschiedlichen Orten verbergen sollten. So bekamen sie wenigstens nur einen von beiden zu fassen. Aragon dachte keine Sekunde an Trennung; selbstverständlich würde Elsa ihre Aktivitäten einschränken. Damit beschwor er nolens volens ein Drama herauf, denn Elsa gedachte keineswegs, das Schreiben seinzulassen: «Ich kann den Gedanken nicht ertragen, daß man mich am Ende des Krieges fragen wird: ‹Und was haben Sie getan?› und ich sagen muß: ‹Nichts!›» Er wolle sie doch nur schützen, erklärte Aragon seiner Frau, «es ihr ersparen, daß sie für diese Arbeit zu *bezahlen* hätte, der Besatzungsmacht und dem Kampf der Polizei gegen die Résistance zum Opfer fiele». Das war anerkennenswert, doch die Veränderung, die in ihr vorgegangen war, hatte der Nimmermüde wieder einmal nicht bemerkt. Weil keiner von beiden nachgeben wollte, verstießen sie gegen das ungeschriebene Gesetz der Résistance, denn sie blieben beieinander wohnen, und Elsa ließ sich in ihrem Tun nicht beirren.

Elsa empfand Aragon damals wie ein unzugängliches Labyrinth. Er eilte von einem zum anderen, verfaßte Beiträge in verschiedenen Zeitschriften, doch mehr als «Ablenkung und Trost» bedeutete ihm dieses Schreiben nicht. Allein die schöpferische Lust bewies dem Dichter, daß er lebte: «Der Alltag steht einfach nicht still, wenn ich schreibe, ein Gedicht, die Prosa des Alltags.» So vertiefte er sich in die Idee zu einem neuen Roman – was gewiß auf Kosten des gemeinsamen Gesprächs ging. Unter seinen Händen entwickelte sich das Manuskript zur Proklamation über die Unmöglichkeit des Paares. Aragon versenkte sich in das Paris der zwanziger Jahre und verhalf dem Dandy Aurélien zu literarischem Leben. Dieser verliebt sich rettungslos in eine Frau namens Bérénice. Sie ist unscheinbar, beinahe unansehlich, findet Aurélien, doch sie wirkt auf sein Herz und seine Gedanken wie ein schleichendes Gift. Sie ruft einen Vers von Racine in ihm wach, und allmählich brennt sich Bérénices Gesicht genauso in ihm ein wie dieser Vers über die Schönheit. Unter dem Namen seiner Heldin trat die unerreichbare Denise Lévy wieder an Aragon heran: Der verzehrenden, rettungslosen Liebe vermochte er nur ein Ende zu setzen, indem er aufhörte, sie ständig zu beschwören. Aurélien-Aragon schrieb: «Ja, aus einer Liebe tritt man heraus, wie man in sie eintritt: weil man es beschlossen hat; und diese Erkenntnis war für Aurélien eine tiefe Enttäuschung.» Reflektierte Aragon damit nicht auch seine Ernüchterung im Verhältnis zu Elsa? Sicher, sie gehörten zusammen, aber die Leidenschaft hatte sich mit den Jahren davongeschlichen. Wenn ihre Liebe mehr Wirklichkeit haben sollte als der surrealistische *amour fou*, mußte Aragon eine «neue Art zu lieben» lernen; wenn er aus seiner Liebe zu Elsa nicht mit «leeren Händen» herauskommen wollte, mußte er eine Tatsache anerkennen, die sie längst zu ihrer Maxime erhoben hatte: «Mit einem Mann muß einen mehr verbinden als nur die Liebe.» Während Aragon noch surrealistisch-romantischen Liebesvorstellungen nachhing, dachte Elsa fortschrittlich im marxistischen Sinne – sie wußte, daß ihre beruflichen Orientierungsprobleme auch die der Generation von Frauen waren, die sich einen respektierten Platz in der Gesellschaft verschaffen wollten.

Das Paar erlebte seit den überwundenen Anfangsschwierigkeiten eine ernste Krise, aber später bekannte Aragon: «Elsa hat mir meine männliche Brille heruntergerissen, die Vorurteile des Mannes, der unter dem Vorwand, alle Verantwortung für das Paar auf sich zu nehmen, die Frau nur seine Spiegelung sein läßt.» Ein Echo dieses Dramas zwischen Elsa und Aragon wurde eines der berühmtesten Résistancegedichte, seither gesungen von so berühmten Chansonniers wie Georges Brassens und Barbara: «Il n'y a pas d'amour heureux», es gibt keine glückliche Liebe:

«Nichts ist dem Menschen jemals sicher. Nicht seine
   Stärke
Nicht seine Schwäche nicht sein Herz. Und wenn er
   glaubt
Seine Arme weit zu öffnen, ist sein Schatten ein Kreuz
Und wenn er glaubt, sein Glück an sich zu pressen,
   zerdrückt er es
Sein Leben ist eine seltsame und schmerzhafte Trennung.
So etwas wie glückliche Liebe gibt es nicht.»

«Man traf für uns die Entscheidung, Lyon stelle eine unnötige Gefahr für unsere Arbeit dar. Man hatte uns an einem ruhigen Ort versteckt, von dem aus wir die notwendigen Besorgungen machten.» Anfang Juli 1944 brachen sie nach Saint-Donat im Departement Drôme auf, ausgestattet mit falschen Papieren auf die Namen Lucien Louis Andrieux und Elisabeth Marie Andrieux, geb. Le Brasidech. Dies war eine Ironie des Schicksals: Ausgerechnet in der Illegalität diente Aragon sein richtiger Name als Deckname, und wenigstens einmal im Leben trat das Ehepaar Aragon-Triolet unter dem gleichen Familiennamen auf. «Selbstverständlich mußten wir dort wie so viele andere Emigranten aus der Zone im

Norden leben, waren ohne Arbeit und wehrlos. Alles ver-
pflichtete zur illegalen, gut organisierten Arbeit. Ich riß
mich mühsam aus der Tristesse von Lyon los, und auf der
Reise ins Departement Drôme, als wir Saint-Donat näher
kamen, schauderte mich die Aussicht. Für unbestimmte Zeit
in Befreiung, unternahmen wir häufige Reisen nach Valence,
Lyon und Paris und mieteten monatsweise ein Zimmer in
Lyon. Die Leute im Dorf sahen uns kommen und gehen und
gaben sich diskret. Ziemlich schnell hatten wir unter ihnen
stillschweigende Komplizen gefunden: Ohne es uns zu sagen, wußten sie von Parisern, die sich in diese Gegend geflüchtet hatten, wer wir waren, andere ‹wußten›, ohne es zu
wissen, andere wieder ahnten etwas. Wir beschlossen, in
Saint-Donat zu bleiben, letztendlich war es eine Frage von
Glück und Zufall: Es gab für uns keinen Ort, an dem wir in
Sicherheit gewesen wären.»

Die Hütte stand frei in den Bergen, ringsumher nur Wald.
Wenn die Nacht hereinbrach und man die Hand nicht mehr
vor Augen sehen konnte, mußte Elsa all ihren Mut zusam-
mennehmen, um nicht Beute ihrer Angst zu werden. Jedes
Geräusch im Unterholz schreckte sie auf. Wahrscheinlich
war es nur ein Tier oder trockenes Laub – oder war da wer,
hatte man sie aufgespürt? Das wäre das sichere Ende gewesen. Wieder schrieb sie gegen die Angst an; wenn sie schrieb,
fühlte sie sich weniger allein, das Schreiben war die gemeinsame Aufgabe, die sie mit Aragon verband, und darüber
konnte sie sich ihm nahefühlen, auch wenn er nicht anwesend war.

In Saint-Donat erreichte sie die Nachricht, daß die Alliierten am 6. Juni 1944 in der Normandie gelandet waren. Auf
dem Weg nach Paris begegneten ihnen jubelnde Massen, die
Trikoloren schwenkten, doch im Rausch der Befreiung galt
es, einen kühlen Kopf zu behalten. Deutsche Truppen ver-
anstalteten Rachefeldzüge und richteten in einigen Gemein-
den Massaker an. Als sie über Saint-Donat herfielen, hatten

sich Elsa und Aragon in letzter Minute in einer Scheune verstecken können. Amerikanische Soldaten hielten ihrerseits Ausschau nach Deutschen. Wenig später dann fielen Franzosen über ihre Landsleute her, Französinnen, die sich mit Besatzungssoldaten eingelassen hatten, wurden an den Pranger gestellt wie Hexen im Mittelalter. Elsa und Aragon trauten einem Frieden nicht, wenn er gleich wieder so viel Haß freisetzte.

Am 27. September trafen sie im befreiten Paris ein. Aragons Roman «Aurélien» wurde wenig später bei Gallimard verlegt. Im letzten Kapitel sahen sich Aurélien und Bérénice wieder und mußten nach all den Jahren, in denen sie nur voneinander geträumt hatten, erkennen, daß sich zwischen ihnen ein Abgrund auftat. Aurélien war jemand, den Bérénice einmal geliebt hatte, «und aus dem die Geschichte diesen Mann gemacht hat, der ihrer Liebe fremd ist». Aragon läßt Bérénice auf den letzten Seiten sterben. Dies ist ein Bekenntnis zur wirklichen Welt, seiner Verbindung mit Elsa.

Helden für einen Tag

In der Rue de la Sourdière war das Unterste nach oben ge-
kehrt. Während ihrer Abwesenheit hatte die Gestapo weitere Hausdurchsuchungen vorgenommen, aber das meiste
war unversehrt geblieben, und Elsa atmete auf: «Eigenartig
und schön, wieder zu Hause zu sein; vier Jahre bei fremden
Leuten, das war nicht mehr auszuhalten!»

Als die Wohnung so weit hergerichtet war, daß sie wieder
einziehen konnten, erschien ihnen ihr altes und neues Heim
luxuriös wie ein Palast; tatsächlich wurden die Heimkehrer
wie ein ungekröntes Königspaar in Paris empfangen. Sie
gehörten zu den wenigen überlebenden Initiatoren der Un-
tergrundbewegung, waren Gewährsleute für ein freies, unbe-
stechliches Frankreich. Mit Verve sprachen sie bei öffentlichen Veranstaltungen über ihre Aktivitäten. Elsa war
glücklich: Hatte sie seinerzeit dafür gesorgt, daß Aragon einen Namen in der Sowjetunion bekam, so war ihr Aufstieg
zur französischen Schriftstellerin nun unwiderlegbar. Beider
Welten waren ineinander aufgegangen. Nahezu täglich standen Journalisten vor der Tür und baten um Interviews; das
Telefon läutete ohne Unterlaß. Zeitungen aller Couleur rissen sich nun um die Abdruckrechte ihrer konspirativen Pam-
phlete und Artikel. 1945 erschienen mehr Zeitschriften denn
je. Seit die Pressezensur aufgehoben war, bildeten sich
Schlangen vor den Zeitungskiosken, wie das Paar sie zuletzt
in der jungen Sowjetunion gesehen hatte, und Trauben le-
sender Leute an jeder Ecke.

Das Bild der beiden Schriftsteller prangte sichtbar für
Tout-Paris auf den Titelseiten: Die Jahre waren freilich nicht

spurlos an ihnen vorbeigezogen. Beide gingen auf die fünfzig zu, sie waren deutlich schmaler geworden, Aragons Haare waren ganz weiß, was ihm «eine Ausstrahlung von Diderot und XVIII. Jahrhundert» verlieh, wie der alte Freund Sadoul fand. Elsas Rotblond war von grauen Strähnen durchzogen, doch trug sie die Haare kunstvoll auf den Kopf geflochten wie eh und je. Ihr melancholischer Gesichtsausdruck konnte bisweilen strenge Züge annehmen. «Ich habe mich bereits damit abgefunden, nicht mehr jung zu sein», schrieb sie der Schwester. Sie hatten die Jahre der Résistance überlebt – gemeinsam, und das zählte. Jetzt waren sie ein Schriftstellerpaar, das jeder kannte.

Was war aus den anderen geworden? Éluard war wieder allein: Seine zweite Frau Nusch, Modell etlicher Collagen und Photographien aus surrealistischer Zeit, die mit Éluard in Paris die Fährnisse der Résistance auf sich genommen hatte, hatte die Entbehrungen nicht verkraftet. Sie starb 1946 an einem Hirnschlag. Im Januar 1945 kam auf etlichen Umwegen ein langersehnter Brief von Lilja in Paris an. Elsa erfuhr, daß ihre Mutter drei Jahre zuvor gestorben war. Lilja, Ossip und ihr neuer Mann Vassilij Katanjan hatten sich während des Krieges in den Ural geflüchtet. Ossip arbeitete jetzt als Redakteur bei der sowjetischen Nachrichtenagentur TASS. Die Schwestern und die beiden Männer konnten das Wiedersehen nach fast einem Jahrzehnt kaum erwarten. Aber während sich Elsa und Aragon um die erforderlichen Visa kümmerten, erreichte sie die Nachricht von Ossips Tod: Er starb im Februar 1945, mitten in der Arbeit an einer Majakowskij-Biographie, an Herzversagen. Als sie im September endlich die Reise nach Moskau antreten und Lilja in die Arme schließen konnten, wurde die Wiedersehensfreude durch die Erschütterungen, all die Tode, all die Desillusionierungen, die zwischen ihnen lagen, empfindlich gedämpft. Schklowskij durfte seit Jahren nicht publizieren, Isaak Babel war 1941 dem Terror zum Opfer gefallen. Lilja war immens gealtert und so ausgezehrt, daß ihre Augen glanzlos und gespenstisch groß wirkten.

Alle machten sie sich auf, um das Majakowskij-Museum anzusehen, das kurz vor dem Krieg in seiner einstigen Wohnung in der Gendrikov-Gasse eingerichtet worden war. Sie betraten den kleinen Raum und erkannten alles wieder: Im Schrank hingen Majakowskijs Anzüge, auf dem Tisch stand die geblümte Teekanne, an der Wand hing das Telefon mit der langen Schnur, die Majakowskij brauchte, um beim Sprechen umherzugehen, wie es seine Angewohnheit war. An den Wänden hingen Bilder, Elsa kannte die meisten. Sie stand vor einer Photographie, darauf die Schwester und der Dichter, lässig an einem Baum lehnend. Aber wo war denn Lilja? Wenn Elsa genau hinsah, konnte sie noch den Schatten eines Damenstiefelchens erkennen. Man hatte Lilja wegretuschiert wie einen Schmutzfleck. Sie war von Stalin zu Stillschweigen gezwungen worden. Eine jüdische Frau sollte der sowjetische Vorzeigedichter nicht an seiner Seite gehabt haben. In Bilderrahmen und Glasvitrinen wurde ein offizieller Majakowskij präsentiert, der rein gar nichts mit dem kontroversen Geist zu tun hatte, den die Schwestern immer noch liebten. Lilja wurde totgeschwiegen, und Majakowskij war, wie die gesamte Avantgarde, als Schaustück fürs Museum zurechtgemacht worden. Alles hier erinnerte Elsa an die Wohnung, die sie einmal kannte, «aber so, wie ein Leichnam an das lebendige Wesen erinnert, das er einmal war». Sie beeilten sich zu gehen, denn die Worte und das Weinen blieben ihnen im Halse stecken.

«Als Ihr in Moskau wart», schrieb Lilja später nach Paris, «haben wir gar nicht richtig miteinander gesprochen. Seit Ossips Tod fällt mir alles schwer.» Über Majakowskij konferierte Elsa nach ihrer Rückkehr im Pariser Théâtre de l'Athénée. In den kommenden Jahren gab sie sich der Aufgabe hin, das revolutionäre Erbe Majakowskijs, ihren Bürgen für den unkompromittierten Kommunismus, wachzuhalten.

Elsa Triolet und Louis Aragon bei einem Besuch in Moskau 1964. Wie einst
Lilja in Gestalt Majakowskijs, hatte Elsa nun einen Dichter an ihrer Seite.
Die Rollen der beiden Schwestern hatten sich umgekehrt.

Sie vollendete ihre Erinnerungen an Majakowskij, organisierte eine Ausstellung über ihn und seine Zeit. Dabei blühte sie auf – ihre Jugend, ihr Land und ihre Sprache kamen mit dem Dichter abermals zu ihr zurück ... Sie schrieb eine Biographie über Anton Tschechow und gab eine Anthologie russischer Lyrik heraus, zu der Jakobson, längst der berühmte Linguist der Prager Schule, das Vorwort stiftete. Nicht nur Majakowskijs Poeme, sondern auch Gedichte von Anna Achmatowa und Marina Zwetajewa übersetzte sie bravourös ins Französische; Elsa Triolet muß als Wegbereiterin der modernen russischen Lyrik in ihrer Wahlheimat gelten. Wenn damals irgendwer in Frankreich etwas über Majakowskij erfahren oder von ihm lesen wollte, kam an Elsa Triolet nicht vorbei. Ihre Liebe hatte den Toten ganz für sich. Sie hatte sich einen Majakowskij geschaffen, der ganz zu ihr gehörte.

Das Publikum verehrte Aragon «wie seinerzeit Volodja», schrieb Elsa 1945 an Lilja. Die Rollen der beiden Schwestern hatten sich umgekehrt: Nun stand Elsa mit einem wortgewaltigen Dichter im Lichte der Öffentlichkeit, und sie selbst fühlte sich als Schriftstellerin geachtet und ernstgenommen. «Die Leute begannen meine Bücher zu mögen, ja, sie rannten ihnen hinterher. Theater, Kino, Zeitungen und Magazine standen mir offen.» Vom Erfolg beflügelt, schrieb sie binnen kurzem einen zweibändigen Roman, «Anne-Marie», die Geschichte einer jungen Frau, die zur Widerstandskämpferin wird, nicht, weil sie Kommunistin ist, sondern weil sie dem Gebot der Stunde folgt. Immer wieder beharrte Elsa Triolet in ihren Romanen darauf, daß nicht das Parteibuch, sondern die innere Überzeugung zum Kommunismus führe. Zwar war dies eine Kritik am Personenkult in der Sowjetunion, doch daß Elsa nicht in der KPF war, schien später gerade ein Alibi für ihre besonders rigiden Urteile zu sein. Schreibend konnte sich Elsa noch einmal in das gerade Vergangene hineinversetzen: Sie ließ die Handlung 1939 beginnen. Es waren gefährliche, entsagungsvolle Jahre gewesen – doch

Elsa mußte sich eingestehen, daß sie in ihrem Element gewesen war. Im Zusammenhalt der Widerständler sah Elsa nicht nur ein menschliches Ideal – sie war auch etwas von ihrem besonderen Gefühl der Verlassenheit losgeworden, von dem sie regelmäßig heimgesucht wurde. «Oh, Brüderlichkeit der heroischen Jahre der Résistance! Es gab sie, und sie war stärker denn je.» Je mehr sich abzeichnete, daß die Solidarität sich in der Nachkriegszeit zersplitterte, desto mehr dachte Elsa mit nostalgischen Gefühlen an ihre Arbeit im Untergrund zurück. Die Zeit erschien ihr jetzt als Honigmond zwischen Kunst und Politik.

1945 bereisten Elsa und Aragon Deutschland. Im November fanden in Nürnberg die Kriegsverbrecherprozesse statt, und Elsa saß als Korrespondentin der *Lettres Françaises* im Gerichtssaal. Im Laufe der Verhöre steigerte sich ihr Entsetzen. Wie konnten die Richter angesichts der kapitalen historischen Verbrechen der Nazis noch nach solchen Details wie der Anzahl der Opfer fragen? Sie fällte ein radikales Urteil: Wäre es nicht am besten, eine Atombombe auf Deutschland zu werfen, um jeden Rest Faschismus auszurotten? Sie war allerdings nicht die einzige, die Tabula rasa machen wollte. Nur wenige gelangten zu dem Schluß, daß die Wurzel der Unmenschlichkeit im ganzen Menschengeschlecht läge, wie Marguerite Duras' Ehemann Dionys Mascolo in «L'Espèce humaine» schrieb. Statt an den Orten der Erinnerung standen die Reisenden vor einem Trümmerberg. Berlin: Die Linden blühten nicht mehr – frierende Menschen hatten sie in den Kriegswintern zum Heizen abgeholzt. Das Haus in der Hagelberger Straße, die Russencafés, das Kabarett Der Blaue Vogel waren allesamt in Schutt und Asche versunken. «Charlottenburg im September, lange Abende auf den Terrassen / wir unterhielten uns lange unter den Bäumen auf der Kantstraße.» Auch das gehörte der Vergangenheit an. Das Paar wunderte sich: Die Menschen schienen durch die entsetzli-

Im August 1948 bereiste das Paar die Tschechoslowakei und wurde von Staatspräsident Beneš empfangen. «Wir wurden mehr hofiert als ein Königspaar, aber hier und da gab es seltsame Vorfälle ... Wir reisten wie Stars, aber das erfüllte uns weder mit Staunen noch mit Stolz, denn wir waren so sehr von allem um uns herum gefangengenommen ...»

chen Enthüllungen nicht aufgerüttelt zu sein. Die Trümmerfrauen in den zerstörten Straßen blieben Elsa als Bild der Rückkehr zur Normalität haften: «Mein Gott, sie räumen auf!» Wie konnte diese Katastrophe im Lande eines Hölderlin, eines E. T. A. Hoffmann, eines Goethe geschehen, fragte sie sich mit dem ungebrochenen Glauben des Bildungsbürgers an die erzieherische Wirkung der Kultur.

Als sie zwei Jahre später die aus der Taufe gehobenen Volksrepubliken Jugoslawien, Ungarn, Bulgarien, Rumänien bereisten, kamen sie mit ganz anderen Eindrücken wieder als aus Deutschland. Sie wurden überall in allen Ehren empfangen: «Wir wurden mehr hofiert als ein Königspaar, aber hier und da gab es seltsame Vorfälle ... Wir reisten wie Stars, aber das erfüllte uns weder mit Staunen noch mit Stolz, denn wir waren so sehr von allem um uns herum gefangengenommen…» Sie hatten nur Augen für die wiedereröffneten Kulturhäuser, den Neuaufbau, den man ihnen vorführte. Hätte die wirkliche Elsa, die in Aragons Versen eine lyrische Doppelgängerin hatte, nicht um den Unterschied zwischen Literatur und Leben wissen müssen?

Doch 1945, das Jahr 1 nach der Libération, verhieß – wie die Jahre 1917/1918 in Rußland oder das Jahr 1934, als die Volksfrontregierung in Frankreich die Wahlen gewonnen hatte – einen Neubeginn. Die Kommunisten hatten die Résistance überhaupt zu einer funktionierenden Organisation gemacht. Der Krieg wurde durch sie zwar nicht verkürzt, doch die Menschen, die sich ihr angeschlossen hatten, hatten gezeigt, daß man auch anders handeln konnte als die Masse. Ihr Mut setzte ein Zeichen für Freiheit und Zivilcourage. Die Euphorie war groß: Elsa bekam 1944 den begehrten Prix Goncourt für ihre Novellensammlung «Der erste Vorstoß kostet 200 Francs». Mit dem Titel zitierte sie das verschlüsselte Losungswort, mit dem am 6. Juni 1944 die Landung der Alliierten in der Normandie angekündigt wurde. Man prophezeite dem verdienstvollen Vercors die Wahl in die Académie française. Es wurde sogar erwogen, die Académie ganz aufzulösen und jene Intellektuellen zur Wahl zu stellen, die sich jüngst um die Nation verdient gemacht hatten. Die im September 1944 erstmals frei erscheinenden *Lettres Françaises* veröffentlichten ein Manifest französischer Schriftsteller unterschiedlichster Gesinnungen, das mit folgendem Gelübde endete: «Bleiben wir vereint im Sieg und in der Freiheit, wie wir es während der Not und Unterdrückung waren. Bleiben wir vereint für eine Wiederauferstehung Frankreichs und der gerechten Strafe für die Betrüger und Verräter.» Natürlich nutzten einige, die eher zu den letztgenannten gehört hätten, die Gelegenheit, sich die Hände reinzuwaschen, indem sie in den über allen Verdacht erhabenen *Lettres Françaises* veröffentlichten. Am 27. Oktober 1944 wurde auf Anregung de Gaulles in der Comédie-Française eine Soiree als Hommage an die Poeten der Résistance ausgerichtet, bei der Aragon und Éluard die Hauptpersonen waren. Die Éditions de Minuit gaben die im Untergrund erschienenen Bücher gleich noch einmal als schmucke Faksimiles heraus, denn in Paris war man neugierig auf das ganze Repertoire der Résistanceschriftsteller. Das Comité National des Écrivains, das Nationale Schriftstellerkomitee, tagte nun nicht mehr im verborgenen, sondern in der Maison de la Pensée gegenüber vom Elyséepalast. Als die *Lettres Françaises* eine Liste mit den Mitgliedern des Komitees veröffentlichten, beschwerte sich Elsa bitter: Ihr Name fehlte – man begriff sie lediglich als Anhängsel ihres prominenten Mannes. Mangel an Engagement konnte nicht der Grund für ostentative Ignoranz sein, denn Elsa hatte sich von Anfang an in die Organisation gestürzt. Sie hatte gleich nach Kriegsende die Räumlichkeiten für das CNE aufgetan und sich um die Einrichtung gekümmert; sie lud zu Benefizgalas zugunsten von Künstlern und initiierte beeindruckende Verkaufsveranstaltungen, die als «Bataille du livre», als Kampf um das Buch, noch bis in die sechziger Jahre fortgesetzt wurden. Diese Buchmessen waren eine recht erfolgreiche Fortsetzung des Kampfes zur Verteidigung der Kultur, wie er in den dreißiger Jahren stattgefunden hatte.

Einen ganzen Monat lang zerriß sie sich für die Vorbereitung dieses «gewaltigen Spektakulums», das dann im Oktober 1952 veranstaltet wurde. Manuskripte gingen in der Rue de la Sourdière ein, sie korrigierte und wählte aus; immer wieder wurde sie durch Klingeln des Telefons unterbrochen, sie war es, die verlangt wurde, nicht Aragon. Diesmal war der Pantomime Marcel Marceau am Apparat, der sein Kommen ankündigte. Elsa blickte zufrieden auf das Programm: Über hundert Autoren und Schauspieler hatten sich mit der am

Elsa Triolet lud zu Benefizgalas zugunsten von
Künstlern und initiierte beeindruckende Verkaufs-
veranstaltungen, die als «Bataille du livre», als
Kampf um das Buch, noch bis in die sechziger
Jahre fortgesetzt wurden. Hier wird sie von
dem Schauspieler Louis Jouvet unterstützt.

sowjetischen Vorbild der Kulturhäuser orientierten Idee dieser Buchmesse einverstanden erklärt. Nach und nach kamen
sie alle, pünktlich zur Eröffnung: nicht nur die alten Ver-
bündeten aus der Résistance, auch Weggefährten und Künstler aller Sparten. Joseph Kessel und Simone Signoret signier-

ten ihre Bücher, und die Leute rissen sie ihnen aus den Händen. Arletty und Gérard Philipe, die Chansonniers Léo Ferré und Gilbert Bécaud waren äußerst werbewirksame Gaststars. Elsas Bemühungen waren von Erfolg gekrönt: Im Vélodrôme zählte man über dreißigtausend Besucher, und die Publikumslieblinge an den Ständen verkauften so viele Bücher, daß mehrere Wagenladungen nachgeliefert werden mußten. «Ich weiß noch immer nicht, woher ich den Mut dazu nahm (zu dem Basar) und wie solch ein Erfolg möglich war. Mir zittern noch heute die Knie, wenn ich an das Risiko denke», schrieb sie an Lilja. Glücklich war sie über den reißenden Absatz, den eine von ihr übersetzte Anthologie von Majakowskijs Gedichten gefunden hatte. In den fünfziger Jahren gebührte ihr die Ehre, zur Vizepräsidentin des CNE ernannt zu werden – doch wenn nicht gerade das Schlaglicht solcher Darbietungen auf sie fiel, stand sie im Schatten des «umflorten Aragon», wie sie selber spöttisch sagte. Daß Elsa Triolet die Seele des CNE war, stellte sich heraus, als mit ihrem Tod auch dessen Aktivitäten endeten.

Das Aufbruchspathos wurde rasch gedämpft: Der Verleger Pierre Seghers hatte den Rummel, der um die Résistanceschriftsteller gemacht wurde, von Anfang an mit Argwohn betrachtet. Die Gala in der Comédie-Française hielt er für eine Alibiveranstaltung: «Damit fiel der Vorhang. Keine Blumen, keine Lorbeerkränze, danke.» Der Zweifler behielt recht: Das ambitionierte Projekt, die Académie neu zu besetzen, verlief im Sande. Die Goncourt-Gewinnerin Elsa Triolet mußte feststellen: «In dem Maße, wie die schönen Farben der Libération verblaßten, schienen meine Literatur und ich selbst ihre Qualitäten zu verlieren.» Von rechts wurde bereits polemisiert: Den Prix Goncourt einer Frau zuzusprechen, die russische Kommunistin und Jüdin sei, könne nur eine «rote Machenschaft» sein. Ideologische Gegensätze, die im Angesicht des gemeinsamen Feindes unwesentlich gewesen waren, brachen wieder auf. Anlaß war die vom CNE herausgegebene schwarze Liste, auf der all jene Autoren an den Pranger gestellt wurden, die sich mit dem Feind eingelassen hatten. Aragon wurde vorgeworfen, die Liste nicht konsequent überarbeitet zu haben, um einen der ärgsten Kollaborateure, seinen alten Freund Drieu, zu schonen.

Die bibliophilen Ausgaben der Résistancenovellen erinnerten sehr an Liebhaberstücke für den Bücherschrank. 1948 wurden die Éditions de Minuit, da sie mit ihrem Programm auf dem Markt nicht mehr mithalten konnten, verkauft und öffneten sich parteilich ungebundenen Autoren. Mit Beckett, Duras und Robbe-Grillet, dem Exponenten des Nouveau roman, wurden sie zum Avantgardeverlag der Nachkriegszeit, der Geist der Résistance ließ sich jedoch nicht länger am Leben erhalten. Was hatte sich inzwischen zugetragen?

Die Kommunisten waren in zwei Lager gespalten. Zwischen denen, die während der Okkupation in Paris geblieben waren, und denen, die im Untergrund gelebt hatten, gab es Verständigungsprobleme: Die einen wie die anderen wollten die größeren Helden gewesen sein. 1947 traten die Kommunisten aus der Regierung aus, verärgert über den Kurs der französischen Politik. Der hochverschuldete Staat war vom amerikanischen Wiederaufbauprogramm abhängig, überall wurden Löhne gekürzt; und kaum hatte Europa sich beruhigt, wurde der Krieg in Übersee fortgesetzt: 1946 begann der Indochinakrieg, nach dessen Ende sich acht Jahre später der Krieg in Algerien anschloß. Dorthin wanderten die Gelder, die im Land selbst so dringend gebraucht wurden.

Pétain und Laval waren von der Bildfläche verschwunden, man hatte sie zum Tode verurteilt. Aber es schien, als hätte jetzt niemand mehr so recht Lust auf die Härte des Vorgehens, die man lange genug ertragen hatte. Keiner wollte die Berichte aus den Tagen der Not wirklich hören, und der

Glanz der Résistance ließ schnell nach. So kamen viele Kollaborateure glimpflich davon; nicht Gnade waltete, sondern Überdruß. Der Schriftsteller Robert Brasillach wurde im Februar 1945 hingerichtet, Drieu la Rochelle, ebenfalls zum Tode verurteilt, nahm sich im März 1945 das Leben. Céline konnte flüchten und wurde später begnadigt. Das Leben am Rive Gauche lief wieder auf Hochtouren. Boris Vian war jetzt der ungekrönte Prinz von Saint-Germain, und in den Jazzkellern konnte man den Eindruck bekommen, daß zwischen den wilden Zwanzigern und der Gegenwart nichts weiter geschehen war, als daß der Jazz den Tango und der Rollkragenpullover Schlips und Kragen abgelöst hatten. 1953 wurden sogar die ehemaligen Mitarbeiter der Vichy-Regierung amnestiert. Elsa und Aragon sahen solche Entwicklungen mit Sorge. Sie fürchteten den Verlust jeglichen politischen Bewußtseins, für das sie kämpften. Es wurden Maßnahmen ergriffen: François Mauriac, seinerzeit an der Gründung der *Lettres Françaises* beteiligt, wurde aus dem CNE ausgeschlossen, weil er mit Schriftstellern zusammenarbeitete, die im besetzten Frankreich veröffentlicht hatten. Angesichts der Verwüstungen durch den Zweiten Weltkrieg erschienen die auch längst noch nicht in ihrem ganzen Ausmaß bekannten Verbrechen in Stalins Sowjetunion verschwindend gering, als zu vernachlässigender Vorfall auf dem Weg zum Sozialismus. Man erfuhr von Hiroshima und Nagasaki, ohne wissen zu wollen, daß auch die Sowjetunion längst an einer eigenen Wasserstoffbombe baute. Es durfte nichts zugelassen werden, was dem Ansehen des gigantischen Menschheitsprojektes schaden könnte. Sie folgten genau jener Theorie der Konfliktlosigkeit, die in der Sowjetunion als Parole für die Künstler ausgegeben wurde: Die Sowjetunion durfte nur in leuchtenden Farben dargestellt werden.

Aragon galt inzwischen als französische Ausführung des sowjetischen Kulturkommissars Schdanow, dem er das Wort redete, und als dieser 1949 starb, überschlug er sich in pathetischen Worten. Fern waren zwar die Fronten, an denen echtes Blut floß, aber die Ideologen lieferten sich erbitterte Wortgefechte. Kommunisten oder Sympathisanten hatte es viele gegeben, solange der Kommunismus der einzige verläßliche Bezugspunkt gewesen war. Inzwischen gab es aber viele Gruppen, die sich von der Parteilinie distanzierten. Marguerite Duras schrieb einen flammenden Brief, in dem sie stolz ihren Austritt erklärte, sie blieb dem Kommunismus nach eigenem Bekunden stets treu, nicht aber der Partei, die zu Unrecht beanspruche, den Kommunismus rechtmäßig zu vertreten. Sartre wurde von Jean Kanapa in *Poésie 47* beschuldigt, seinen Sozialismus ohne die Sowjetunion zu denken. Arthur Koestlers Buch «Sonnenfinsternis» unterstützte angeblich die Faschisten, weil er darin die stalinistischen Methoden anklagte. Camus hielt den Marxismus einzig als Instrument der Kritik für tauglich; als Staatsform habe er versagt. Der kommunistische Staatsstreich im Februar 1948, der die ČSR ganz unter Moskaus Kontrolle stellte, hatte den Westen alarmiert. Auch den ehemaligen Weggefährten wurde der Boden zu heiß unter den Füßen, und viele sagten sich von den Kommunisten los. Wer nicht konsequent die Linie der Partei verfolgte, wurde exkommuniziert. Duras schildert die Konsequenzen ihres Austritts: «Alle waren im Warmen bei den Versammlungen. Ich war allein wie ein Gespenst, während die Arbeiter überall in der Welt marschierten ... Für immer hatte ich die Kommunion, die Brüderlichkeit verloren. Ausgeschlossen von allem, von allen, vom Leben, der Wärme, der Partei. Ich begann zu schluchzen.» Die Familie, das war die Partei. Wer sie nicht aufgeben wollte, verschloß besser die Augen vor den Maßnahmen, die in dieser Familie ergriffen wurden, statt zu weinen.

1948 stellte die «Affäre Krawtschenko» die Weichen für den Kurs von Elsa und Aragon ins nächste Jahrzehnt. Krawtschenko hatte ein Buch mit dem Titel «Ich habe die Freiheit gewählt» veröffentlicht, das rasch ein Bestseller wurde. Darin schilderte er die Arbeitslager in der Sowjetunion. Sofort wurde er in den *Lettres Françaises* als Lügner bezichtigt. Es kam zu einem Prozeß, den Krawtschenko gewann. Der Verantwortliche des Blattes, Claude Morgan, mußte die Prozeßkosten übernehmen. Aragon erklärte nichtsdestoweniger in einer Rede, daß der Prozeß in den Plan einer Kriegserklärung an die öffentliche Meinung passe, bei der die französische Regierung die Amerikaner bedingungslos unterstütze. Amerika reagierte entsprechend: Dem Stalinisten Éluard wurde 1949 das Einreisevisum für die USA verweigert. Aus den Musketieren der Dada-Zeit waren «Moscoutaires» geworden – so der Titel, den Elsa und Aragon sich mit einem Wortspiel bald eingehandelt hatten. Wer – und sei es, um die marxistische Idee zu schützen – behauptete, in der Sowjetunion ginge alles mit rechten Dingen zu, mußte sich blind machen. Elsa und Aragon radikalisierten sich.

Merkwürdigerweise wurde ihr Platz als «hohes politisches Paar» sogleich wieder besetzt: Jean-Paul Sartre und Simone de Beauvoir besaßen eine größere Chance als Aragon und Triolet, Integrationsfiguren des wiederauflebenden Paris zu sein. Sartres philosophischer Existentialismus paßte besser in die gegenwärtige Stimmung als die Militanz des Sozialistischen Realisten; Beauvoirs Engagement für die Frauen schien fortschrittlicher als Triolets Glaube an die Gleichheit aller Menschen im Kommunismus, der die Emanzipation der Frauen einschloß. Die freie Beziehung, die Sartre und Beauvoir vorführten, präsentierte sich moderner als das Treuecredo des monogamen Paares, das Aragon und Triolet anstimmten. 1945 erschien die erste Nummer der *Temps Modernes*, in den Augen vieler Intellektueller würdiger Nachfolger der *Nouvelle Revue Française*, die ihre Arbeit noch nicht wiederaufgenommen hatte und unter dem kollaborierenden Chef Drieu la Rochelle in Mißkredit geraten war. Die KPF warf dem zugkräftigen Sartre vor, keine marxistische Haltung zu haben und der Partei somit zu schaden: In den *Lettres Françaises* wurde er als falscher Prophet gebrandmarkt und der Existentialismus als reaktionäre Philosophie deklassiert. Wie zu Zeiten der Hahnenkämpfe zwischen Aragon und Breton lief der ideologische Streit auch diesmal auf eine Fehde zwischen zwei Exponenten, diesmal Aragon und Sartre, hinaus. Breton residierte übrigens schon bald nach seiner Rückkehr aus dem Exil mit einer Schar Jünger in einem Café an der Place Pigalle. Er hatte seine Wohnung in der Rue Fontaine wieder bezogen und entwickelte sich mit den Jahren zum grauschläfigen und respektierten Altmeister des Surrealismus.

Während der Résistance waren die Kommunisten über den Verdacht der Ideologie erhaben gewesen; der Dichter stand auf einer höheren Warte. Doch in einem Frankreich, das nach dem Freudentaumel der Libération den Anschluß an die amerikanische, nicht an die sowjetische Politik suchte, erschienen Elsa und Aragon als Kommunisten bald als Fleck auf der weißen Weste des Landes. Einst Galionsfiguren der Résistance, wurden sie nun zu Staatsfeinden erklärt. Plötzlich machte eine Zeitung darauf aufmerksam, daß Aragons «Crève-cœur» noch 1940 bei Gallimard erschienen war. Der Journalist Georges Politzer hatte schon 1941 befunden, daß legal erscheinende Literatur grundsätzlich einen Verrat bedeute. «Wir waren ideale Projektionsfiguren für die wechselnden Ansichten. Man wollte uns persönlich schaden und den Einfluß neutralisieren, den wir womöglich ausüben könnten. Die politische oder sonstige Verleumdung nahm in jener Epoche ein monströses Ausmaß an; man hetzte gegen uns beide, um aus uns unliebsame Personen, Aussätzige zu machen. Derweil waren wir die gefeiertsten Aussätzigen von Paris.» In dem Maße, wie sich die Politik radikalisierte, verhärteten auch Elsa und Aragon ihre linientreue Position. Der Kalte Krieg war längst ausgebrochen.

Doch der Kampf ist hier und jetzt

Elsa und Aragon ging es um das Glück der ganzen Menschheit – aber die Glücksmomente im Leben des vielbeschäftigten Paars muß man mit der Lupe suchen. 1951, bei einem Ausflug in die Umgebung von Paris, in der Nähe des königlichen Forstes von Rambouillet, entdeckten sie ein ungewöhnliches, allerdings ziemlich heruntergekommenes Haus: eine alte Wassermühle mit Wohnräumen und Stallungen auf einem weitläufigen, verwilderten und sumpfigen Grundstück. Mittendurch plätscherte ein kleines Flüßchen, die Remarde, deren Wasser sich in einem Wehr staute, um das Mühlrad in Schwung zu bringen. Ein idyllischer Ort – Elsa und Aragon begannen, sich in diese Mauern hineinzuträumen. Das Telefon in der Rue de la Sourdière klingelte fast ohne Unterlaß, die beiden waren gefragte Leute. Gesellschaftliche Verpflichtungen ließen sie kaum noch zum Schreiben kommen. Sie hatten immer auf engstem Raum gelebt, warum sollten sie den Traum von etwas mehr Großzügigkeit nicht verwirklichen? Die Romane verkauften sich gut, das Goncourt-Preisgeld lag noch auf der Bank. Sie holten Erkundigungen ein; ja, die Mühle war zu haben und kostete nicht einmal ein Vermögen. Das Gebäude stammte aus dem 18. Jahrhundert, war auf Grundmauern aus dem Mittelalter errichtet, hatte bis vor hundert Jahren dem französischen Geschlecht der Rohans gehört, die Besitzer dann aber oft gewechselt. Bald erwarben sie als Zweitwohnsitz die Mühle am Rande des Dorfes Saint-Arnoult-en-Yvelines im Südwesten von Paris.

Das alte Haus brachte jede Menge Arbeit. Die Räume

mußten gründlich renoviert werden, bevor sie einziehen konnten. Wie Eroberer schlugen sie sich mit Heckenscheren bewaffnet durch den verwilderten Park, beschnitten Bäume und Sträucher, die ihnen den Weg versperrten, und mußten die Wiesen entsumpfen. Elsa gab den freigelegten Wegen und Waldstücken Namen, Aragon schwebten nächtliche Spaziergänge vor, und so installierte er Lampen überall an den Wegrändern. Vor der Mühle standen einige stark verrostete schmiedeeiserne Bänke mit Armlehnen in Form gekrümmter Schwanenhälse, die sie restaurieren ließen. In der Zimmerflucht der Mühle war endlich genug Platz für die Bücher und all die Dinge, die sich im Laufe eines langen Lebens angesammelt hatten und die trotz aller Aufbrüche und Ortswechsel nicht verlorengegangen waren. Als könnten sie ohne Bücherschränke überhaupt nicht leben, hatten Elsa und Aragon bei einem Antiquar für wenig Geld die Bestände einer Klosterbibliothek erworben, mit denen sie die Vitrinen auffüllten. Im Salon konnte man durch ein Bullauge das Mühlrad sehen. Wollte Aragon den Gästen ein besonderes Spektakel bieten, verschwand er nach draußen, öffnete das Wehr, und alle fuhren zusammen, wenn ein gewaltiger Wasserstrahl das Rad mit Getöse in Bewegung setzte.

Elsa präsentierte sich damals gern von zwei ganz gegensätzlichen Seiten, als mondäne *grande dame* und als Frau aus dem Volk. Wenn das Paar in die Stadt hineinfuhr, erschien sie in großer Toilette; sie war nach dem neuesten Pariser Chic gekleidet, Handschuhe und Schirmchen durften nicht fehlen, an den Füßen Pumps, über den Schultern Pelz oder Pelerine, je nach Jahreszeit. Ihr Lieblingsschmuck aber war ein Hütchen, wie man sie in den zwanziger Jahren zu tragen pflegte, mit einem Tüllschleier, der das halbe Gesicht benetzte. In Saint-Arnoult ging es legerer zu. Dort legte Aragon sogar seinen Schlips ab. Die andere Elsa erinnert ein wenig an eine Kolchosbäuerin: Sie versteckte die Haare unter einem im Nacken zusammengeknoteten Kopftuch und trug

Das Hohe Paar des Sozialistischen Realismus auf einem Gemälde
von Boris Taslitzky.

wie Louis grobe Strickjoppen, Hosen und robustes Schuhwerk. Wer hinausfuhr aufs Land, konnte die Schriftsteller auf der eigenen Scholle bei der Arbeit beobachten: nicht an der Schreibmaschine, sondern mit dem Spaten in der Hand, umgeben von hohen Buchen und ausladenden Trauerweiden.

In Paris standen Elsa und Aragon längst im Ruf von Salonkommunisten; die Gegner mehrten sich. Mit dem Rückzug aufs Land ging das Paar auch aus der Schußlinie erbitterter Angriffe. Doch vielen Kommunisten galt Aragon immer noch lange als Gewährsmann. Roy, der Gefährte aus der Résistance, erklärt, warum: Aragons Nationalstolz, der sich in der Résistance entwickelt hatte, bewahrte ihn davor, sich Moskau bedingungslos zu unterstellen; seine Urbanität ließ ein Abgleiten ins Proletarische nicht zu. Er hielt den ehemaligen Surrealisten für einen zu wachen und gebildeten Geist, um ins Doktrinäre zu verfallen. Elsa kannte ihr Heimatland und die Mentalität der Menschen dort; durch die persönlichen Erfahrungen war sie vor den Gefahren des Totalitarismus gewarnt.

Beide behaupteten kokett, vom Marxismus nichts zu verstehen – damit freilich zitierten sie Marx selbst. Ein Blick ins Bücherregal genügte, um zu wissen, daß sie ihre Klassiker kannten. «Aber vielleicht ist der Kommunismus nicht nur eine Doktrin, sondern auch eine Beschaffenheit der Seele? Nicht jeder, der es sein möchte, ist Kommunist», hatte Elsa vor ein paar Jahren an Paulhan geschrieben. Wer in der Zeit des Kalten Krieges Position bezog, lief Gefahr, sich die Hände schmutzig zu machen, doch wer neutral blieb, kam in Verruf, sich vor der Verantwortung zu drücken. «Aragon hatte sich zum Herrschen entschieden.» Er warf sich in eine immer autoritärere Haltung. Mit derselben Schärfe, mit der Breton dereinst seinen Surrealismus von störenden Elementen bereinigen wollte, richtete er die leisesten Kritiker des Sozialistischen Realismus. Kaum mochte man glauben, daß der glühende Verehrer von Rimbaud und Claudel, Matisse und Picasso demselben Kitsch und denselben falschen Illusionen huldigte, welche die von ihm geförderten Parteikünstler André Stil oder Fougeron zu Papier und auf die Leinwand brachten. Priorität hatte die politische Gesinnung: «Wenn man linientreu blieb wie André Stil, ein Protegé Aragons, konnte man für einen Roman den Leninpreis gewinnen und der meistübersetzte französische Schriftsteller der Welt werden.»

Privat herrschte Willkür. Angeblich lehnte Aragon Beiträge von Autoren ab, sobald sie sich kritisch über Elsas Können äußerten. Aber ideologisch kompromißlos verteidigte er die biologistischen Thesen des offiziellen sowjetischen Genetikers Lyssenko und sogar die Hinrichtungen in der Sowjetunion. Tito war plötzlich ein Verräter, weil man dem Paar in Jugoslawien keinen gebührenden Empfang bereitet hatte. Einem Aufruf für den Frieden schlossen sie sich nicht an, weil Koestler die Parteilosigkeit der Intellektuellen verlangte. Elsa und Aragon waren zu Stalinisten und die *Lettres Françaises* zu einem Organ geworden, das der Partei hörig war. Wenn viele kommunistische Schriftsteller oder Sympathisanten noch hinter ihm standen, so, weil er sie kraft seiner charismatischen Persönlichkeit und seiner glänzenden Rhetorik überreden konnte: «Es war besser, sagten wir uns, daß Aragon die Abendzeitung und die literarische Wochenzeitschrift der Partei unter seiner Kontrolle hatte, die Fäden des Nationalen Schriftstellerkomitees zog, die kommunistischen Verlage leitete, nach und nach alle Direktorenposten bekam, als daß Mittelmäßige und Fanatiker diese Hebel betätigten.» Roy schreibt: «Er nahm mich zwar intellektuell nicht mehr gefangen, doch ich war weiter durch seine Literatur verführt.»

Das ging nicht allen so: Marguerite Duras schlug vor Scham die Augen nieder, als Aragon im Fernsehen von den Menschenleben sprach, die er gerettet hatte, und als Schriftsteller mochte sie diesen «Mistkerl von einem Helden» nicht länger ernst nehmen: «Er provoziert niemanden mehr zum Schreiben.» Der historische Roman, dem er sich nun ganz widmete, sei sein selbstgewähltes Abstellgleis. Tatsächlich kam ihm die freche, frische Sprache des Surrealisten allmählich abhanden. Und die Schriftstellerin Elsa Triolet entwickelte sich zusehends zur Chronistin des Kommunismus.

1952 liefen die Judenverfolgungen in der Sowjetunion ihrem Höhepunkt zu. Jüdische Ärzte wurden für den Tod Schdanows und verschiedener Generäle verantwortlich gemacht. Elsa und Aragon bewegten sich auf vermintem Gelände. Sie kamen soeben vom Internationalen Friedenskongreß in Wien nach Moskau und wohnten wie immer im Lux oder im Rossija, einem der großen Parteihotels, auf dem Sprung zu einer weiteren öffentlichen Veranstaltung. Vielleicht hatten sie sich diesmal zuviel vorgenommen, Elsa war erschöpft von der Reise, und Aragon lag in der Badewanne, wo er einen Moment Entspannung suchte. Elsa nahm eben die Kleidung aus den Koffern; plötzlich erschien es ihr verdächtig ruhig nebenan. Sie warf einen Blick ins Badezimmer. Dort sah sie einen Aragon, der zu schlafen schien. Elsa stürzte zu ihm und sprach auf ihn ein, er kam wieder zu sich. Er hatte im warmen Badewasser für einen Moment das Bewußtsein verloren. «Wo bin ich?» fragte er. «In Moskau. Wir waren in Wien und kamen aus Paris.» Nach und nach begriff er wieder, wo sie sich befanden. Stalin, Lyssenko, Schdanow, die Pogrome – ihm brach der kalte Schweiß aus, wenn er daran dachte, daß die, in deren Namen er gesprochen hatte, Verbrecher sein sollten. Dies war der körperlichste Ausdruck jenes spaltenden Bewußtseins, mit dem das Paar die Sowjetunion seit Jahren erlebte.

Zurück in Paris, stürzten sich Elsa und Aragon wieder ins Geschehen. «Mein liebes Lilchen», schrieb Elsa ihrer Schwester, «mir fällt ein, daß Du wieder in Gefahr bist, und mir

Anläßlich von Stalins Tod prangte eine Picasso-
Zeichnung auf der ersten Seite der *Lettres
Françaises*. Elsa Triolet war klar, daß es deshalb
ein Drama geben würde.

stockt das Herz, als träte ich an einen Abgrund.» Doch Aragon legte für Jahre ein Romanmanuskript beiseite, an dem er
schon längere Zeit arbeitete. Es hieß: «Die Kommunisten».

Am 5. März 1953 wurde bekanntgegeben, daß Stalin ge-
storben sei. Sofort herrschte rege Betriebsamkeit in der
Redaktion der *Lettres Françaises*. Auf der Titelseite der näch-
sten Ausgabe sollte ein Bild des Staatenlenkers erscheinen.
Aragon wurde von allen zu seiner Idee beglückwünscht,
Picasso um eine Zeichnung zu bitten. Er rief an der Côte

d'Azur an, der Maler willigte sogleich ein, griff zu Papier und Kohle, und das Gewünschte kam gerade noch rechtzeitig in Paris an. Aragon hatte kaum Zeit, einen Blick darauf zu werfen, und gab die Zeichnung in Druck. Noch bevor er aus der Redaktion wieder in der Rue de la Sourdière auftauchte, klingelte dort ein Bote und brachte die druckfrische Zeitung. Elsa entfaltete das Papier – und der Anblick, der sich ihr bot, traf sie wie eine Hiobsbotschaft: «Picassos Stalinporträt prangte groß in der Mitte der ersten Seite. Und augenblicklich war mir klar, daß es ein Drama geben würde.»

Theater gab es zunächst in den eigenen vier Wänden. Arglos kam Aragon nach Hause. Elsa hielt ihm mit Leichenbittermiene die *Lettres Françaises* entgegen, und er mußte sich fragen lassen, ob er wisse, was er und Picasso sich da geleistet hätten. Natürlich, unbestritten, Picasso sei ein Kunstwerk gelungen, doch man würde es als formalistisch brandmarken. Dieser Stalin hier war ein netter Onkel, aber doch kein weiser, respekteinflößender Gebieter. Picassos Kohlezeichnung zeigt einen aus großen, runden Augen leutselig dreinblickenden – dennoch unverwechselbaren – Stalin mit schnauzbärtigem Mondgesicht. Sie fuhr Aragon an, er hätte schließlich wissen müssen, daß dieses Porträt ein Verstoß gegen den Personenkult sei. Er könne froh sein, daß sie in Frankreich seien und nicht in der Sowjetunion, und sie erinnerte ihn an Majakowskijs Ende. Elsa machte sich keine Illusionen.

Sie behielt recht: Noch am gleichen Tag war der Teufel los. Das Politbüro bezichtigte Aragon und Picasso, Stalins Bildnis entehrt zu haben, die Darstellung des Verstorbenen sei ein politischer Affront und entspreche keinesfalls den Richtlinien des Sozialistischen Realismus. Elsa war außer sich. Ausgerechnet Aragon, der französische Apostel dieses Sozialistischen Realismus, hatte sich diesen Fauxpas erlaubt. Umgehend erschien eine Anklage Aragons auf dem Titelblatt der aktuellen *Humanité*. Picasso, von Man Ray als «Feder am Hut der Kommunistischen Partei in Frankreich» bezeichnet, diente mehr oder weniger als Alibifigur, an der sich vorführen ließ, wie großzügig die Doktrin des Sozialistischen Realismus gehandhabt wurde, doch diesmal war es zuviel. Ein kubistischer Eierkopf! Seine künstlerische Freiheit legte die Partei ihm als willentliche Profanierung Stalins aus und drohte damit, ihn zu exkommunizieren. Aragon hatte sich bei der Partei in die Nesseln gesetzt – und ein Fluch traf nie einen allein, sondern immer gleich das Paar. «Von allen schlechten Tagen, die wir miteinander erlebt haben, waren diese – bis jetzt – höchstwahrscheinlich die schlimmsten», fand Elsa. Die *Lettres Françaises* wurden dazu verdonnert, kritische Leserbriefe zu veröffentlichen, deren Absender die korrekte Gesinnung dokumentierten. Anfang April kehrte der Generalsekretär der KPF, Maurice Thorez, aus Moskau zurück und wurde von Aragon, zu jedem Kotau bereit, mit dem hymnischen Gedicht «Il revient», «Er kehrt zurück», empfangen, das *L'Humanité* abdruckte. Damit war der Fall für ihn beigelegt.

Nicht für Elsa Triolet. Der Vorfall verschaffte ihr Stoff für einen neuen Roman, «Le Monument». Sie schilderte darin einen Bildhauer, der in einem sozialistischen Staat lebt und mit Inbrunst an einem Denkmal Stalins arbeitet. Als es an einer zentralen Stelle Prags aufgerichtet wird, gibt es ein böses Erwachen für den Künstler: Ungeheure Menschenmassen versammeln sich vor dem Koloß, und groß ist das Entsetzen. Das soll Stalin sein? Der Bildhauer ist völlig verstört: Das Denkmal muß wieder abgerissen werden. Elsa war siegesgewiß. War der Text, in dem sie die Formalismusdebatte so plastisch in Szene setzte, nicht ihr großer Tauwetterbeitrag? Im April 1957 begannen die *Lettres Françaises* den Roman in Fortsetzungen zu publizieren, gleichzeitig erschien er bei Gallimard. Doch der erhoffte Beifall blieb auf beiden Seiten des Eisernen Vorhangs aus. Wer wollte noch von einem Stalin lesen, dem ein enttäuschter Romanheld «brüderlichen und ewigen Dank» schuldete? Für die Partei wiederum war der Roman zu kritisch. Mit viel Mitgefühl für die enttäuschten Künstler, zu denen Elsa und Aragon selber gehörten, durfte sie kaum rechnen: Zu weit hatten sie selbst sich mit der Macht eingelassen, um sich auf die Unschuld ihres guten Glaubens zurückziehen zu können.

1956 fand in Moskau der 20. Parteitag der KPdSU statt, auf dem Chruschtschow erstmals über Stalins Verbrechen sprach. Elsa und Aragon ahnten, was sie nach diesen Enthüllungen erwartete: Alles, worauf sie gebaut hatten, geriet ins Wanken. Sollten sie denn die Rolle, die ihnen durch die Résistance zugefallen war, an Sartre und Beauvoir abgeben? Als Paar traten sie auf, sie liebten die gemeinsamen Auftritte als Botschafter der Kultur ungemein, und der politisch-literarische Rahmen garantierte ihnen das Publikum. Einen Kongreß jagte der nächste, 1949 hatten Elsa und Aragon als Emblem des Friedenskongresses in Paris die weiße Taube von Picasso ausgewählt, 1952 trat das Paar auf Internationalen Friedenskongressen in Wien und im belgischen Knock-le-Zoute in Erscheinung. Die Königin ließ sie bitten, und das Paar zögerte nicht, ihr alle Ehrerbietung entgegenzubringen, was der ebenfalls anwesende Brecht mit Abscheu quittierte. Aus Elsa, der Dolmetscherin, war längst die Rednerin auf der Tribüne geworden. Es ist erstaunlich, wie selbstbewußt die einstige Zweiflerin geworden war. Und sie war eine Pionierin: Auf den Photos der Journalisten ist sie meistens die einzige Frau unter Männern.

1954 fand der Zweite Schriftstellerkongreß in der Sowjetunion statt. Aragon wurde für seine Verdienste um Frieden und Völkerverständigung mit dem Internationalen Leninpreis ausgezeichnet. Elsa und er waren die engen Vertrauten von Maurice Thorez. Die häufigen Empfänge in der sowjetischen Botschaft knüpften an die Gewohnheiten der dreißiger Jahre an. «Aragon ist eine Primadonna», hatte Elsa spontan festgestellt – und Primadonnen sind daran gewöhnt, im Rampenlicht zu stehen. Roy: «Der unermüdliche Provokateur in Aragon, ihm gehört beides: Einmal will er uns dazu bringen, an seine Existenz zu glauben (an der er zweifelt, genauso wie man fürchtet, das Bewußtsein zu verlieren), und zum anderen will er sich selbst dazu bringen, ständig voranzuschreiten (denn sobald er stehenbleibt, glaubt er, sich aufzulösen, zu verschwinden, vom Winde verweht zu werden).»

Nicht die Vollendung, sondern die Krisenhaftigkeit des Kommunismus inspirierte Elsa – in den fünfziger Jahren erschienen Schlag auf Schlag mehrere Romane: In «Das Rendezvous der Fremden» plädierte sie für die Internationale, für künstlerische Ausdrucksfreiheit, gegen die Atombombe. Und doch ist solch ein Text heute nur mit Unbehagen zu lesen. Schon als sie mit «Das Monument» begann, hatte die Moderne, über die Elsa schrieb, zu einer anderen Sprache gefunden, als der Thesenroman sie bot. «Das Rendezvous der Fremden» ist ein Gruppenbild aller Flüchtlinge: Ein Jude, ein russischer Aristokrat und ein Opfer der McCarthy-Ära treten darin auf – nach einem Opfer des Stalinismus sucht man indes vergebens. Die Figuren diskutieren miteinander und kommen zu dem Schluß, daß es ein «Ende der Geschichte» geben müsse – wie der Sozialismus es vorsieht. Strahlende Figur des Romans ist eine ehemalige Résistancekämpferin, von allen gleichermaßen verehrt und geliebt, ein «schönes Mysterium». Diese Olga Heller ist nicht in der Partei – genausowenig wie Elsa selbst. «Man muß kein Marxist sein, um den Satz zu verstehen: Proletarier aller Länder vereinigt euch», läßt sie Olga erklären – Elsas stetes Argument, wenn sie sich gegen den Vorwurf der Ideologie wehren mußte. Dieser Roman über das Heimweh, das sie ein Leben lang verspürt habe, sei ihr wie von selbst zu einem Roman über den Internationalismus geraten. Stalin war nun nicht mehr der Vater der Völker, er wurde sogar kurzerhand

Nicht nur von sozialistischen Funktionären wurde das königliche Paar
empfangen: Die belgische Königin ließ sie bitten, und das Paar zögerte
nicht, ihr alle Ehrerbietung entgegenzubringen, was Bertolt Brecht mit
Abscheu quittierte.

146

verschwiegen. In «Das rote Pferd», einem Roman über die Atombombe, griff Elsa zu einem erzählerischen Mittel, um die Apokalypse eindringlicher zu schildern: Sie machte sich selbst zur Protagonistin des Romans, beschrieb sich als Ungeheuer mit kahlem Schädel und verbrannter Haut, steckte sich schreibend in die Haut einer Frau, die einen Atombombenabwurf überlebt hatte. Die Handlung fand in einem Land der Phantasie statt, das jedes erdenkliche Land der Erde sein könnte. Hiroshima und Nagasaki lagen acht Jahre zurück und hatten neue Tatsachen geschaffen: Das Wettrüsten hatte begonnen. Der Roman schließt mit den Worten: «Adieu, Louis!» Elsas krasse literarische Selbstverstümmelung entsprach – absichtlich? – dem Bild, das die Gegner sich von ihr machten: Sie war die Hexe, die einst die Surrealisten auseinandergebracht haben soll, die hartgesottene Stalinistin, der Aragon verfallen sei. Und zeigte sie damit nicht auch der poetisch verklärten Elsa aus Aragons Versen trotzig eine häßliche Fratze? Aragon nämlich baute zur selben Zeit seine Dichtung auf den Mythos des Paares, der in der Résistance entstanden war. Elsa wurde zum Inbegriff der Frau, und die Frau wurde für ihn zur Zukunft der Menschheit:

«Eine Frau ist ein Porträt, und ihr Universum die Ferne
In Paris wechselten wir die Unterkünfte wie die Hemden
Von der Frau kommt das Licht. Und am Abend wie am
    Morgen
Ordnet sich alles um sie.
Eine Frau ist eine Tür, die sich auf das Unbekannte öffnet
Eine Frau nimmt dich ein wie eine singende Quelle
Eine Frau ist immer wie der Triumph nackter Füße
Der Blitz, dem man im Lauf begegnet.»

1956 erschien Aragons «Le Roman inachevé», kein unvollendeter Roman, wie der Titel glauben machen könnte, sondern ein Gedichtband und zudem «die einzige Autobiographie, die ich geschrieben habe», wie er sagte. Natürlich, Gedichte:

Wem das ganze Leben ein Gespinst aus Dichtung und Wahrheit ist, der kann ebenso Lieder anstimmen wie Interviews geben. Das Lied des Sängers war eine Revision seines politischen Standpunktes, doch – wie von Aragon kaum anders zu erwarten – mit aller Raffinesse: Die Verse ent- und verhüllen gleicherweise. Just in dem Moment, da sich die Kluft zwischen kommunistischem Ideal und stalinistischer Wirklichkeit nicht mehr mit Reden und Romanen schreibend überbrücken ließ, fing Aragon wieder zu dichten an. Seine Klage über die gescheiterten Hoffnungen wurde übertönt vom Hohelied der Liebe. Alle Passagen seines Lebens führten ihn unweigerlich zu jenem Ereignis in der Coupole im November 1928: «Wenn alle unsere Wege schlichtweg nach Rom führen / Wenn jeder unserer Schritte im voraus bestimmt ist ...» Danach wurden alle Orte zur Bühne für das Paar: «Da bin ich, elend, am Boulevard Port Royal / An manchen Tagen hat man den Eindruck, daß alles nur eine Zeichnung ist», oder: «Besinge die Schönheit Venedigs, um das Unglück dort zu verschweigen».

Je weiter sich die Utopie des Kommunismus entfernte, um so wichtiger wurde die Liebe – als eine Art Glaubensbekenntnis. «Aragon geht die Liebesehe ein wie er in die Partei eintritt: Er tritt in eine Religion ein», schrieb sein gnädigster Kritiker Roy. Aragon brauchte Objektivität, und war die nicht zu haben, einen Ersatz. Die Partei konnte es nicht mehr sein, es wurde Elsa. «Was wäre ich ohne Dich, nur dieses Stammeln.» Sein Anbetungsbedürfnis ließ ihn sagen: «Ich bin nur ein verwundeter Hund zu Deinen Füßen.» Wie einst Majakowskij zu dichten, die Partei sei die Zukunft des Menschen, war Aragon verboten, doch vermochte er zu jubilieren: «Die Frau ist die Zukunft des Menschen.» Das war schließlich die poetische Apotheose sozialistischer Gleichberechtigungsideen. Doch Aragons Frauenkult schloß ebenso die Frage ein: «Warum bei einem Liebespaar / ein solches Maß an Einsamkeit?» Die Feier des Liebespaars war kein

Louis Aragon 1950. Er schien nicht zu existieren, wenn er nicht schrieb. In den fünfziger Jahren entstanden zwei Romane, «Die Kommunisten» und «Die Karwoche», sowie «Der unvollendete Roman», ein großes autobiographisches Gedicht.

Spiegelbild ihres wirklichen Glücks, sondern vielmehr sein unerreichbarer Horizont.

Elsa und Aragon hatten sich schreibend erschaffen. Aragon schien nicht zu existieren, wenn er nicht schreiben konnte, für ihn verwandelte sich alles in Sprache; aus der Statistin Elsa war während der Résistance die selbstbewußte Schriftstellerin Elsa Triolet geworden. Und doch gab es einen gravierenden Unterschied zwischen den beiden Auto-

149

ren: Aragons Lust entzündete sich an der Sprache selbst; die Liebe, die er Elsa nannte, beseelte sein Schreiben. Für Elsa legitimierte sich die Schriftstellerei erst durch die politische Aufgabe, sie war in ihrer Liebe zur Sprache doch viel pragmatischer an eine Botschaft gebunden. Sie hatte die Hürde der Fremdsprache genommen und ihre Hemmungen abgelegt, Rückhalt in der Idee der kommunistischen Internationale gefunden. Die fiel nun in sich zusammen wie ein Kartenhaus, aber wenn sie ihr jetzt abgeschworen hätte, was bliebe übrig? Nochmals alles aufgeben? Ihre Romane aus den Sechzigern wirken wie Lackmuspapier, auf dem sich die Enttäuschung der Intellektuellen gegenüber dem Kommunismus ablesen läßt. Elsa Triolet begeht darin den charakteristischen Fehler der Intellektuellen, die den Massengeschmack zu kennen und zu erreichen glauben. Sie belehrt, räsoniert; die Handlung ist banal, hochkomplizierte Zusammenhänge werden arg vereinfacht. «Ein Buch ohne Leser ist ein Kadaver» – Elsas Romane wurden bald von dieser ihrer eigenen Feststellung eingeholt. Die Ambivalenz, die ihnen abhanden kommt, findet sich indessen in den autobiographischen und experimentellen Romanen aus den Dreißigern und in den Briefen an Lilja: Sie sind genauso überzeitlich wie Aragons Dichtung, erhaben über den Verdacht politischer Propaganda.

An der Einrichtung des Hauses in Saint-Arnoult ließ sich wieder Elsas geschickte Hand erkennen. In einer riesigen blauen Küche mit einem Fries aus Delfter Kacheln bereitete sie ihre bewährten russischen Mahlzeiten zu, an denen sich die Freunde labten, die den weiten Weg in die Banlieue nicht scheuten: Pierre Seghers, der Freund aus der Résistance, die Schriftstellerin Edmonde Charles-Roux, Paul Éluard, dessen Tage gezählt waren, er starb im September 1952. In der Küche stand ein schwerer Eichentisch, wie geschaffen für große Tafelrunden. Elsas Gemächer im ersten Stock wirkten ein wenig biedermeierlich: Das Badezimmer war vom Waschbecken bis hin zum Bidet hellrosa gekachelt, die Armaturen blinkten golden. Auf einem Marmortisch wartete eine Riege blauer und gelber Flakons und Puderdöschen für große Auftritte. Die Wände ihres Arbeitszimmers waren zartblau gestrichen, Elsas Lieblingsfarbe – vielleicht erinnerte sie das an das helle Blau der russischen Kirchen. Sie umgab ihren Schreibtisch mit Photographien, die Mutter, die Schwester, die Lieben ihres Lebens, Majakowskij und Aragon. Und ein Palmenstrand, Tahiti. Während sie auf einem Korbsessel saß und schrieb, beobachtete sie mit Sorge einen Riß in der Wand, der unter den alten Photos verlief und immer länger wurde ...

Aragon wirkte im Erdgeschoß. Er saß auf einem purpurroten Ledersessel, dem Thron, auf dem er während der fünfziger Jahre seinen Roman «Die Karwoche» schrieb. Ein offener Kamin, edle Teppiche, Holzbalken an der Decke, all das verlieh dem Raum eine gedämpfte, warme Atmosphäre. Hinter Aragons Platz hing eine Aufnahme, die Gisèle Freund von Elsa gemacht hatte. Wenn beide beim Schreiben innehielten, schweifte ihr Blick über die Auen der Remarde, hinauf zu einer Anhöhe. Dort standen ein Bänkchen und ein kleiner Tisch aus Stein. Elsa hatte den Ort zu ihrem Lieblingsplatz erkoren. Manchmal, wenn Aragon aufschaute, sah er Elsa dort sitzen, ganz allein. Sie wußten beide, daß die Luft immer dünner wurde – er sah sie dort sitzen, und das Bild erzählte ihm von beider Einsamkeit. Sie hatten Stellung bezogen und es riskiert, sich früher oder später ins Unrecht zu setzen, etwas, was sie bei der zunehmenden Indifferenz der Intellektuellen durchaus auszeichnet. Sie hielten sich und dem Marxismus die Treue. Doch sie wußten, daß die Zeiten sich längst gewandelt hatten.

Philemon und Baucis

«Ich betrachtete Dich ein Vierteljahrhundert lang im Quartier Vendôme
Im zweiten Stock eines Hauses mit einem Laden, wo es Korken zu kaufen gab
Ein Vierteljahrhundert lang hörte ich zu, wie meine Liebe in mir schlägt wie ein Metronom»

1960 war eine Ära zu Ende: Nach einem Vierteljahrhundert überquerte das Paar die Seine wieder, um sich an ihrem linken Ufer niederzulassen, wo Académie française, Verlagshäuser, Universität und Ministerien ihren Sitz haben. Sie vertauschten die Wohnung in der Rue de la Sourdière gegen eine Etage in einem noblen alten Stadtpalais in der Rue de Varenne 56. Das Herz der Wohnung war ein lichter Salon, zur Linken und zur Rechten die Zimmer, eines war für Liljas und Katanjans Besuche in Paris reserviert. Auf dem Parkett tanzten die Lichtreflexe. Die Fenster reichten bis auf den Boden, und wenn man an das schmiedeeiserne Balkongitter trat, konnte man in einen Garten sehen. Er gehörte ausgerechnet zur sowjetischen Botschaft in der Rue de Grenelle. Diese benachbarte Straße schien Aragon das Panorama seines ganzen Lebens zeigen zu wollen: Auf dem Weg ins Quartier Latin kam er auch an dem Gebäude vorbei, in dem einst das Büro für surrealistische Forschungen untergebracht war. *Eine neue Erklärung der Menschenrechte muß irgendwie auf die Beine gebracht werden* ... Weder die flatternde Fahne mit Hammer und Sichel im nahen Garten noch die große Surrealismus-Ausstellung 1959 in Paris konnten glauben machen, daß die Versprechen eingelöst worden waren. Die

Liebe zwischen Mann und Frau blieb die größte Verheißung. Als junger Spund hatte Aragon seinen Freund und Rivalen Breton provoziert und behauptet: «Eine Frau lieben heißt sie als alleinigen Lebensinhalt zu betrachten, als eine Inbesitznahme, vor der alles andere zurücktritt.» Er war Elsa und sich selber treu geblieben. Als Prousts berühmter Fragebogen einmal auch Aragon vorgelegt wurde, zögerte er keinen Moment, den Namen seiner Lieblingsheldin der Wirklichkeit und der Erfindung auszusprechen: «Elsa.» Sein Lieblingsname: «Elsa. Elsa. Elsa.» Es konnte nur noch eine Steigerung geben: «Das Paar ist wie ein geeintes Volk.» Soeben war Aragons monumentales Gedicht «Le Fou d'Elsa», «Elsas Narr», erschienen, Verse, die der orientalischen Tradition entlehnt waren. Die lyrische Feier des Paares als individuelle Urzelle der versöhnten Menschheit, das war letzten Endes Aragons glücklicher Ausweg aus der Unvereinbarkeit von Psychoanalyse und Kommunismus.

Elsas Vorliebe für Korbmöbel hatte zu einer weiteren – symbolischen – Neuanschaffung geführt: In der Rue de Varenne standen zwei Sessel mit geflochtenen Herzen als Rückenlehnen, für die gemeinsame Inszenierung vor der Kamera von Robert Doisneau wie geschaffen. In der neuen Wohnung erinnerten Kunstschätze an einst, die bis unter die Stuckdecke dichtgedrängt die Wände zierten, Max Ernst, Picabia, Duchamps schnauzbärtige Mona Lisa, von Aragon später an Georges Marchais vermacht. Besuchern wurde die Tür von Maria geöffnet, dem italienischen Hausmädchen, die sich um die Katze Patte kümmerte, solange die Aragons auf dem Lande weilten. Georg Stefan Troller, für ein Interview zu Gast in der Rue de Varenne, nannte dieses Domizil «eine literarische Nobelboutique». Man habe ihm einen frostigen Empfang bereitet, «Elsa führt scharfzüngig das Wort, während Aragon (wie sie ihn nennt) hinten wie ein wunderschöner, weißhaariger begossener Pudel herumschleicht». Elsa wurde die Rolle der geschmähten Außenseiterin ihr

Lebtag nicht los. Wer an die zarte Muse des Dichters dachte und dann der Frau mit den harten Gesichtszügen gegenüberstand, war leicht irritiert. Diese hatte bereits so etwas geahnt, als sie Aragon noch in den dreißiger Jahren verboten hatte, sein Hohelied auf Elsa zu veröffentlichen. Das Paar wunderte sich regelmäßig über die Naivität der Leute. Aragon: «Letztlich stört es mich, daß unser Leben diese vorgebliche Idylle gewesen sein soll, und daß ich Elsa mein politisches Schicksal verdanke. Unser Leben war, selbst wenn man die Politik außer acht läßt, keinesfalls diese Hochglanzpostkarte, an die einige Leute schließlich geglaubt haben.»

«Sie wundern sich über die Gegenwart eines anderen in dem, was ich schreibe. *Der Andere* ist eine bloße Benennung, *der Andere*, wie man ihn begreift, hat kein Gesicht, ist eine Abstraktion, die nur abstrakte Gedichte hervorbringen kann. Für mich ist der Andere ganz konkret Elsa. Vor allem ist es Elsa.» Auf die Frage, ob die poetisierte Elsa der Gedichte und die wirkliche Elsa an seiner Seite nicht durcheinandergerieten, antwortet Aragon: «Was wissen Sie von meinen Obsessionen? Um was auch immer ich meine Frau oder wen auch immer bitte – um den Salzstreuer – alle Taten meines Lebens, wichtiger oder geringfügiger, können Sie dem entgegensetzen, was ich Lyrismus, Poesie nennen würde.» Und gefragt, wie sich denn die Leserin Elsa gegenüber der poetischen Elsa verhalte: «Das ist eine ganz andere Sache. Elsas, nicht meine. Ich weiß, daß Elsa die Stellen über sich immer so zu lesen versucht, als handle es sich um eine andere Person; sonst wäre es ihr gewiß unerträglich, das gebe ich zu. Soviel zu ihr. Ich jedenfalls kann, was ich zu ihr geschrieben habe, nur als etwas betrachten, was per definitionem zu jemand anderem gehört.» Elsa ging auf das doppelte Spiel ein: In «Rosen auf Kredit» machte sie Aragon mit der Figur des wunderschönen Rosenzüchters Daniel Donelle eifersüchtig. «Ich werde die Rose für dich erfinden», spielte er den Ball zurück. In fünfundzwanzig Jahren hatte sich viel verändert:

Elsas Vorliebe für Korbmöbel hatte zu einer weiteren – symbolischen – Neuanschaffung geführt: In der Rue de Varenne standen zwei Sessel mit geflochtenen Herzen als Rückenlehnen, für die gemeinsame Inszenierung vor der Kamera von Robert Doisneau wie geschaffen.

Nur ihrer Schwester gegenüber gestand Elsa, daß sie sich durch Gutgläubigkeit schuldig gemacht hätten. «Die Falschmünzer sind nicht wir, aber wir waren es, die die Falschmünzen in Umlauf brachten – aus Unwissenheit, die wir für Glauben hielten. Also, der Schlagbaum ist geöffnet, es wurde grünes Licht gegeben, jetzt fangen alle an, uns einzuheizen ...»

Doch an einen Rückzug aus der Arbeit und dem öffentlichen Leben dachte das Paar beileibe nicht. In Paris gab es viel zu tun: Aragon redigierte, Elsa schrieb die wöchentliche Theaterkritik für die *Lettres Françaises*. Sie war strahlender Mittelpunkt bei den Uraufführungen der Dramen Tschechows, die sie ins Französische übertragen hatte. Bei den Premieren der großen Pariser Theater saß das Paar in der ersten Reihe, inmitten der Prominenz aus dem Schauspielermilieu. Sie hatten viele Feinde und viele Freunde – doch die alte Garde lichtete sich. Immer öfter kamen schwarzumrandete Karten in der Rue de Varenne an. Wirklich, eine Ära neigte sich ihrem Ende zu. 1964 starben Tzara und der engste Parteifreund Thorez, ein Jahr darauf Nancy Cunard. Sie hatte ein ausschweifendes Dasein geführt, großzügig Künstler unterstützt und sich stets für die Schwachen der Gesellschaft eingesetzt. Im Laufe ihres Lebens hatte sie es geschafft, ihre ererbten Millionen durchzubringen. Von ihren Freunden war nun kein einziger zur Stelle, der Verantwortung für die Sterbenskranke übernehmen wollte. Sie lag mit gebrochenem Oberschenkelknochen im Hôpital Cochin. Sadoul hatte nach ihr gesehen, er tauchte gleich darauf ratlos in der Rue de Varenne auf und bat das Paar um Hilfe. Aragon überlegte noch, Elsa reagierte schroff: «Tu was du willst, schick ihr Geld, geh hin, wenn du willst. Ich will sie hier nicht haben.» Aragon schickte kein Geld, ging auch nicht hin. Elsas Nächstenliebe war äußerst begrenzt, wenn es um andere Frauen ging; Nancy war die einstige Rivalin, ihretwegen hatte sie quälende Abende und Nächte verbracht. Auch

156

Elsa Triolet war strahlender Mittelpunkt bei den Uraufführungen der Dramen Tschechows, die sie ins Französische übertragen hatte. Bei der Premiere von «Onkel Wanja» in der Comédie-Française im Januar 1967 saß das Paar wie immer in der ersten Reihe.

wenn das schon Ewigkeiten her war, der Stachel saß tief im Fleische: Nancy Cunard geisterte durch Aragons Phantasien und Bücher. Wie die große Schwester war sie Elsa einst zuvorgekommen ... Erst als sie gestorben war, machte Aragon sich Vorwürfe, doch Elsa wußte, wie sie ihren Dichter trösten konnte: «Dein schönstes Liebesgedicht hast Du nicht für mich geschrieben, sondern für sie.» Doch genau da legte sie den Finger in die eigene Wunde. Hatte nicht auch Majakowskij alle seine Gedichte Lilja gewidmet?

Am 28. September 1966 starb Breton siebzigjährig. In den *Lettres Françaises* beschwor Aragon jenen Tag vor beinahe vierzig Jahren, an dem er einen Brief von Breton erhielt, mit den Worten: «Aber Guillaume Apollinaire ist soeben gestorben.» Nur ein Echo dieser Worte konnte innigster Ausdruck seiner Trauer sein: «Aber André Breton ist soeben gestorben.» Einen engeren Freund als Breton habe er nie mehr gehabt, bekannte Aragon, der Bruch sei niemals ganz verheilt. Elsa hörte das gar nicht gern, denn schließlich war sie dort in Aragons Leben eingetreten, wo Breton es verlassen hatte. Die beiden Männer, die sich aus dem Wege gegangen waren, hatten stets nacheinander geschielt und jede Möglichkeit ergriffen, Seitenhiebe gegen den anderen auszuteilen. Sie hatten ein Leben lang einen heimlichen Wettkampf um die geliebte Sprache ausgetragen. Aragon hatte sich zum Poeten der Partei hochgeschrieben, Breton sich zum kompromißlosen Souverän des Surrealismus ernannt, als er erkannte, daß jedes Bündnis, mit welcher politischen Partei auch immer, das Ende der Poesie besiegelte. Doch beide, Aragon und Breton, hatten ein zu inniges Verhältnis zur Sprache, um bloß Verseschmiede eines Herrn zu sein. «Die Wörter machen Liebe miteinander», war Bretons Leitspruch, und dieses Eigenleben der Wörter setzte sich auch bei Aragon immer wieder durch. Sie hatten aus den gleichen Quellen geschöpft, und der surrealistische *amour fou* war für ihn letztlich der Kult um Elsa, um die «Frau als Zukunft des Menschen», entsprungen.

Mit Elsas Gesundheit stand es nicht zum besten. Sie wurde wegen einer Arterienentzündung operiert, was ihre Gehbeschwerden nur verschlimmerte. Die Knie gaben nach, das Treppensteigen wurde zum Problem. Aragon sorgte dafür, daß ein kleiner Fahrstuhl im Aufgang eingebaut wurde. Das Alter, schon als Dreißigjährige von Elsa gefürchtet, hatte sie eingeholt. In einem Gedicht mit dem Titel «Tod in Paris» beschreibt Aragon die Rue de Varenne: zurückgekehrt in das bürgerliche Paris, «so viele Schritte und Umwege, um etwa dreihundert Meter weiterzukommen».

Es war an der Zeit, Bilanz zu ziehen. 1960 erschien «Elsa Triolet, ausgewählt von Aragon». Das Paar hätte also den Titel der Neuausgabe von 1990 beanstandet: «Elsa, ausgewählt von Aragon». Beide hatten sich nämlich darauf verständigt, daß die Muse zwar Elsa, die Schriftstellerin aber Elsa Triolet hieß. Damals gab es andere Querelen: In der *Vogue* erschien ein Artikel über das Paar mit einem großen Photo von Aragon und nur einem sehr kleinen von Elsa. Noch am Nachmittag ereilte den für die Rubrik «Literatur» zuständigen Redakteur François Nourissier ein Anruf. Am Apparat war ein verärgerter Aragon: «Bin ich denn nicht jemand, der den Frauen die Tür aufhält? Mein Photo ganz groß, und…» Aragon ließ sich nur dadurch versöhnen, daß unverzüglich ein Artikel über seine «Scheherazade», wie er sie gern nannte, und ihre Romane im *France-Observateur* erschien. Elsa sagte dazu nichts, aber wie Aragon wußte sie zu gut, daß er die Titelrolle in ihrem gemeinsamen Lebensroman spielte. Seine Verse aus surrealistischer Zeit gehörten schon jetzt zum Repertoire der Lesebücher, seine Romane verkauften sich stetig, Aragon mit seinen vielen Facetten war auf dem besten Weg, ein Klassiker zu werden. Aber über Elsas Werk würde sich der Schleier des Vergessens breiten, sobald keiner mehr ihre Botschaft vernehmen wollte. Der jüngste Vorfall brachte Aragon auf einen Gedanken. Er und sie waren, wie ihr Schreiben, aneinander gewachsen, sie hatten seit fast vierzig

Jahren kaum einen Schritt ohne den anderen getan, was lag da näher, als die Romane ebenfalls vereinigt herauszubringen?

«Denn die, die eines Tages, Elsa, meine Verse lesen
werden darin Deinen Namen nicht vom Universum
    trennen
und ihr Mund aus Fleisch formt Deine Statue.»

Das Autorenpaar bereitete eine gemeinsame Gesamtausgabe der Romane, die «Œuvres Romanesques Croisées» vor, ein monumentales Projekt: Aragon blickte auf sieben dickleibige Epen, Elsa hatte ihrerseits eine ungeheure Produktivität entwickelt und sechzehn Romane zu Papier gebracht. Mit dem Verleger Laffont sprachen sie über eine mehrbändige Prachtausgabe im Leineneinband. Die chronologisch erscheinenden Romane sollten mit Illustrationen und Vorworten zur Zeitgeschichte versehen werden. Sie wählten die Bilder und Zeichnungen aus. In den Innendeckeln, von Matisse entworfen, verschlangen sich ein E und ein L zur Arabeske: Elle et Lui. Als Auftakt jedes einzelnen Bandes sollte ein Photo erscheinen, das die beiden in der Entstehungszeit des jeweiligen Romans zeigte. Dann verfaßten sie Vorworte, ihre «Autobiographie in Romanform». Es waren offene Briefe, die sie sich gegenseitig schrieben – und eine Form des paarweisen Personenkults. Dieses Konzept hatte es in sich: Der Wechselgesang zwischen Ich und Du war die perfekte Inszenierung eines dialektischen Prozesses und sein symbolischer Ausdruck. Ihre Begegnung im Montparnasse der zwanziger Jahre war für die beiden Marxisten die Erscheinung des Unbedingten. Ihre Werke betrachteten sie nur als einen Teil der Arbeit an einer großen gemeinsamen Vision, die sie einst zusammengeführt und seither zusammengehalten hatte. Erstmals in der Literaturgeschichte ließen zwei Schriftsteller ihre gesamten Romane so erscheinen, daß ihre Werke genauso untrennbar voneinander blieben wie ihre Lebensläufe. «Doch», sagte Aragon, «die ganze Wirklichkeit des Dialogs kennen allein wir beide.» 1964 kam Band I heraus. Elsa hatte das erste Wort: «Meine Vergangenheit war, bevor wir uns trafen. Unsere gemeinsame Vergangenheit ist stets gegenwärtig.»

Ausgerechnet zu diesem Zeitpunkt, da das Paar seine literarische Union besiegelte, regte sich Elsas Unmut. Vernehmliche Mißklänge konnten sie sich kaum leisten, weil sie gemeinsam gegen die politischen Gegner Front machten; privater Zwist durfte die politische Glaubwürdigkeit nicht entkräften, denn in den Augen der Öffentlichkeit repräsentierten sie die Partei. Innerlich haderte Elsa jedoch mit ihrem literarischen Doppelleben. Für Freunde und Feinde waren sie inzwischen ein unzertrennliches Paar, doch bei all den Publikumsauftritten kann der Eindruck entstehen, sie seien im Strudel des Engagements stets umeinandergewirbelt, ohne sich zu berühren. Elsa fürchtete Aragons Zungenfertigkeit und vermied Kritik, denn: «Eine ‹Diskussion› mit Aragon», so Roy, «wurde schnell zu einer Auseinandersetzung zwischen einem wildgewordenen Hund und einem Wollknäuel.» Obwohl Elsa sich ständig auf die Zunge beißen mußte, um kein Unwetter heraufzubeschwören, wußte sie, daß sie am Ende meistens recht behielt. Sie verspürte nun das dringende Bedürfnis, sich ihre Not wenigstens von der Seele zu schreiben. Wie gewohnt öffnete sie das Tagebuch, zückte den Stift, verharrte einen Moment über den weißen Seiten und klappte das Buch dann wieder zu. Statt dessen griff sie zu losen Blättern. War es nicht besser, Aragon einen Brief zu schreiben? Sie brachte das erste Wort zu Papier, und dann setzte sie den Stift nicht mehr ab. Es wurde ein langer Vorwurf in Schönschrift daraus.

Sie las sich die drei Seiten nochmals durch. «Es ist nicht leicht, mit Dir zu sprechen. Du scheinst zu vergessen, daß wir den Epilog unseres Lebens leben, daß nachher nichts mehr zu sagen sein wird, und daß andere das Inhaltsverzeichnis lesen werden – nicht wir. Uns bleibt äußerst wenig Zeit, das weißt Du besser als jeder andere. Mein Gott, wo ist meine Zufriedenheit geblieben? Ein ganzes Leben wie im Auto, wo ich Dir nicht einmal sagen kann ‹Schau!›, weil Du ständig liest oder schreibst und man Dich nicht stören darf.» Aragons Rastlosigkeit machte sie schwindlig, er kam ihr seit Jahren vor wie ein manisch Getriebener, sein Schreiben war eine Obsession, hinter der sie ständig zurücktreten mußte. Niemals, formulierte sie schonungslos, seien sie eine Sache wirklich *gemeinsam* angegangen: «Man darf Dich bei Deinem Voranschreiten weder stören noch überholen, weder versuchen, mit Dir auf einer Höhe zu bleiben, noch Dir zu folgen – egal woran Du gerade arbeitest – und wenn es nur darum geht, abgestorbene Äste von den Bäumen zu schneiden, man bilde sich bloß nicht ein, eine Sache gemeinsam angehen zu können.» Sie resümierte: «Die Einsamkeit ist nicht das große Thema meiner Bücher, sondern meines Lebens.» Sie ließ diesen Satz stehen, obschon sie wußte, daß nie je ein Mensch, auch Aragon nicht, sie von diesem Leiden erlösen konnte. «Ich flehe weder um Deine Zeit noch um Deinen Beistand … Mein Kummer ist Dir lästig, ich darf nicht leiden und schon gar nicht, wenn Du viel zu tun hast.» Noch einmal überflog sie, was sie geschrieben hatte, und ihr wurde unheimlich zumute. Schwarz auf weiß stand da, was nicht einmal gesagt werden durfte; von Verletzungen, den Rissen in ihrer Harmonie oder gar von Trennung zu sprechen war ein Tabu. «Doch nun genug! Ich versündige mich an einer Glücksvorstellung.» An Trennung dachte sie ja gar nicht, zuviel verband sie, als daß ihr gemeinsamer Lebensroman auf den letzten Seiten noch diese jähe Wendung hätte nehmen können. Sie wollte nur ein einziges Mal unumwunden sprechen, machte sich auch keine Illusionen darüber, mit wem sie seit Jahrzehnten lebte: mit einem Mann, der die Liebe und das Leben als Literatur begriff. Aragon fürchtete die Banalität von Alltagssätzen. Er übersetzte alles in die

Sprache der Literatur, denn in einer Welt, die als Konstrukt erlebt wird, war ihm der Roman immer noch die kunstvollste aller Konstruktionen. So schrieb sie ihm zu guter Letzt, sie wünsche sich nichts weiter von ihm als ein Buch, in dem sie einmal so zum Vorschein käme, wie sie wirklich sei.

Aragons Antwort auf Elsas Brief und Bitten war der Roman «La Mise à mort», «Spiegelbilder». Ein Mann mit verschiedenen Identitäten liebt, welches Gesicht ihm auch im Spiegel entgegenblickt, immer dieselbe Frau: Fougère. Sie allein hält sein Ich in einem Leben voller Wechselfälle zusammen. Bretons Tod erinnerte Aragon sicherlich an seine Anfänge; die Romane der sechziger Jahre resümierten sein Schriftstellerleben, in dem er bei all dem Wahrlügen auf eine verläßliche Größe gesetzt hatte. Der Kommunismus hatte sich der Wirklichkeit verweigert – nicht aber die Liebe. «Spiegelbilder» endet mit der Beichte: «JA, ICH GESTEHE, FOUGÈRE IST ELSA TRIOLET.» Im selben Roman bekennt eine Frau mit Namen Ingeborg, ihre Lieblingsautorin heiße Elsa Triolet. Das sind biographische Platitüden, vor denen der Romancier aber nicht zurückschreckt, wenn es ihm um die Fortschreibung des Paarkultes geht.

Gleich auf «Spiegelbilder» folgte «Blanche oder das Vergessen», die Geschichte eines Mannes, der nach zwanzig Jahren von seiner Frau verlassen wird. «Ich habe einen Brief von Dir. Ich habe ihn aufgehoben. Von Zeit zu Zeit lese ich ihn. Es ist die schrecklichste Anklageschrift, die ein Mensch auf der Verbrecherbank hören kann.» Blanche geht, Elsa bleibt. Für Aragon war eine Trennung ebenso ausgeschlossen wie für Elsa: Irgendwann trennt man sich nicht mehr, weil sonst eine ganze Welt untergeht. Elsa spann den Faden ihres Dialogs in ihrem neuen Roman «Das große Nimmermehr» weiter: «Das Paar ist eine ebenso geheimnisvolle Einheit wie das Individuum. Richten Sie nicht, ich bitte Sie, man besitzt nie die ganze Wahrheit.»

Die Treue, gab Aragon in Prousts Fragebogen an, sei ihm

die höchste Tugend. Wir wissen nur um die Untreue seines Alter ego auf dem Papier und um Elsas Affäre mit dem weißen Ritter Michel Vigaud. Daß Sexualität für das Paar nie öffentliches Thema war, spricht nicht gegen, sondern vielleicht gerade für ihre Wichtigkeit jenseits der gemeinsamen Inszenierung. Daix weiß über Elsa Triolet zu berichten: «Als ich ihnen Ende 1945 begegnete, seit der ersten Unterhaltung mit Elsa, sagte sie mir zu meinem Erstaunen, daß sie, auf die Fünfzig zugehend, ihrem Leben als Frau ein Ende setzen wolle.» Er gewann den Eindruck, daß sie sicherlich keine glückliche Frau war. «Sie war zu pessimistisch, um sich jemals für eine Gewinnerin zu halten.» Auch Aragon hatte sich Daix anvertraut, bei einem nächtlichen Streifzug durch Paris: «Er nahm es wie eine für mich bekannte Tatsache, daß es zwischen Elsa und ihm keine sexuellen Beziehungen mehr gab, und machte kein Geheimnis aus seiner Frustration. Was soll man mit seinem Körper anstellen, wenn man seiner Frau treu bleiben will? Ich nahm sein Leiden nicht allzu ernst und dachte mit der Naivität junger Männer, daß sich die Sexualität verflüchtigt haben würde, wenn man die Fünfzig erst einmal überschritten hätte.»

Der Prager Frühling hatte den Ideen des Paares von einem aufgeklärten Kommunismus recht gegeben. Sie hielten sich im August 1968 in der Schweiz auf, als sie vom Einmarsch der Roten Armee in Prag erfuhren. Die KPF verurteilte die Sowjetunion, die *Lettres Françaises* und CNE ihrerseits sicherten den Tschechen ihre Solidarität gegen den Angriff zu. In seinem Vorwort zur französischen Ausgabe von Milan Kunderas Roman «Der Scherz» sprach Aragon von einem «Biafra des Geistes», zu dem die Ostblockstaaten nach und nach gemacht würden. Das Paar ergriff Partei für die Dissidenten Sacharow und Solschenizyn. Die Strafe folgte auf dem Fuße: Alle sowjetischen Abonnements der *Lettres Françaises* wurden fristlos gekündigt.

Mai 1968: In Paris gingen die Studenten auf die Straße. «Die Phantasie an die Macht!» intonierten sie. Mußte das nicht Musik in den Ohren aller alten Herren des Surrealismus sein? Aragon mischte sich mit wehender weißer Mähne unter die Demonstranten, doch die skeptische Elsa hielt das für ein nostalgisches Ritual. Die Jugend huldigte neuen Idolen, anderen Leitsternen. Während einer Demonstration in Saint-Germain wurden sie kaum erkannt. Wenn sie Simone de Beauvoir wäre... Diese mokierte sich über den Rückzug des Paares aus dem politischen Geschehen. Aragon winkte bloß ab, als Sartre ihn aufforderte, eine Kubareise zu unternehmen: «Dafür sind wir zu alt.» Elsa soll Sartre gesagt haben: «Sie sind ein Philosoph und somit ein Antikommunist.» Für sie war er ein Intellektueller, sein Existentialismus, in dessen Mittelpunkt das Individuum stand, lief der kommunistischen Solidarität der Massen zuwider. In dem Romanzyklus «Das Nylonzeitalter» ging es Elsa um die Verwahrlosung des modernen Menschen. Der Titel ist eine Anspielung auf Sartres «Zeitalter der Vernunft». Für Elsa hatten die Leute völlig den Verstand verloren; sie dachten doch nur noch ans Geld. Was die Jugend in den sechziger Jahren unter Politik verstand, war ihre Sache nicht mehr. Die Hippies brachten mit langen Haaren und Che-Guevara-Plakaten zwar ihre Abscheu gegen alles Bürgerliche zum Ausdruck, aber dahinter steckte keine geeinte Kraft mehr. Groß war die Enttäuschung über die Mittelmäßigkeit des Lebens und auch über die einstigen Mitstreiter, die ihr Fähnchen nun in den Wind hingen. «Doch wo ist er heutzutage, der Prophet, der uns einen Leitstern entzündet? Uns aus dem Chaos herausführt ... Rote Fahnen, schwarze Fahnen ... die alten Embleme ...»

Elsa Triolets letzter Roman «Die Nachtigall verstummt im Morgengrauen» ist ein Schwanengesang auf die politischen Hoffnungen, die sie beseelt hatten. Die vielen Stationen eines Lebens, manchmal nur Verschnaufpausen in Hotelzimmern allerorten, wurden zum Symbol für eine Irrfahrt ohne

Ziel: «Ich bin entronnen, weiß nicht mehr genau, von wo und wem. Das hat mich aus der Puste gebracht. Ein Zimmer. Ein Hotelzimmer. Ein Käfig. Dort bin ich sicher. Ich habe keine Angst, weiß nicht, warum ich Angst haben sollte. Dieses Zimmer, seit je...» Elsa war erschöpft, am Ende ihrer Lebensreise. Ihrer Schwester bekannte sie, daß Aragon das Buch «hundertmal besser geschrieben hätte». Sie rechnete kaum damit, es noch beenden zu können. Doch sie sah das Buch erscheinen, und Aragon drängte Elsa zum Weiterschreiben, weil er wußte, daß diese Tätigkeit ihre Lebensgeister wachhielt. Sie aber schüttelte den Kopf: «Ich habe keine Kraft mehr.»

Die Ausflüge nach Paris waren seltener geworden, Elsa strengte die Fahrt, die eine gute Stunde dauerte, sehr an. Es war ein Dienstag; beim Anziehen stürzte sie zu Boden. Elsa Triolet starb am Nachmittag des 16. Juni 1970 in ihrem blauen Zimmer in der Mühle von Saint-Arnoult. «Die Nachtigall verstummt im Morgengrauen», lautet der Titel von Elsas letztem Roman: Wenn die Liebenden der Troubadourgesänge alle Gefahren überwunden haben, ist es schließlich die Morgendämmerung, von der sie aufgeschreckt werden.

Lilja und Katanjan kamen aus Moskau. Die Trauerfeier, von der KPF organisiert, wurde zu einem Staatsakt. Elsas Leichnam wurde in der Halle der *Humanité* am Boulevard Montmartre aufgebahrt. Pablo Neruda hielt eine Rede. Elsas letztem Wunsch wurde entsprochen: Sie wurde an ihrem Lieblingsplatz auf der Anhöhe begraben. «In unserem Garten stehen zwei gigantische Buchen. Ich möchte, daß wir dort beerdigt werden. Während wir als Lebende darauf warten, verschönern wir weiter das Haus und den Garten.»

Aragons einsame Gegenwart

«Aragon war nun ohne seine Vertraute, ohne seine erste Leserin, ohne Komplizin, schlagartig ‹auseinandergenommen›. Er mußte sein einsames Leben neu erfinden. Das hieß, Elsas Abwesenheit bewältigen», schreibt sein Biograph Daix. Die Freunde machten sich Sorgen: Wie würde er es ohne Elsa aushalten, die Frau, die mehr als vier Jahrzehnte sein Leben geteilt hatte? Auf dem Lande, in der Mühle mit dem weitläufigen Park, fühlte er sich einsam. Er betraute einen Hausmeister mit den anfallenden Arbeiten und quartierte sich wieder dauerhaft in der Rue de Varenne ein, wo Maria ihn versorgte. Überall hingen und standen Photos von Elsa, die Bücher waren kaum mehr zu sehen, weil er die Vitrinen mit lauter Aufnahmen von ihr bepflastert hatte. Über dem Marmorsims des Kamins wurde ein überlebensgroßes Porträtphoto aufgezogen; es zeigt sie in ihren letzten Jahren, mit ernstem Gesichtsausdruck. 1979, in einem Interview befragt über seine Freundschaft mit Breton, vergaß Aragon nicht zu erwähnen, daß er gerade in einem Sessel unter Elsas Porträt sitze, «die mir mit einem Lächeln zuhört». Über Elsas Tod hinaus wies er stets nicht nur auf ihren Platz in seinem Leben, sondern auch auf ihre Größe als Schriftstellerin hin. Wenn auch gerade die politisch belehrenden Romane Elsa Triolets mit ihrer Zeit verblassen – sie fand über die Ideologie einen Weg, ihr erträumtes Ziel wirklich zu erreichen, das, Schriftstellerin zu sein.

Aragon verschmerzte den Abschied von seiner lebenslangen Begleiterin wohl nie, aber wer fürchtete, er versinke nun in Resignation, der hatte sich getäuscht. Ihm blieb seine treue Geliebte, die Sprache. Er vollendete ein monumentales Epos über Henri Matisse, und in «Theater/Roman» meldete sich der surrealistische Träumer wieder zu Wort. Wie einst der Jüngling aus der Rue du Château, liebte er es auch als alter Mann, angetan mit den breiten Revers und knalligbunten Schlipsen der siebziger Jahre, «keine seiner Posen im Spiegel aus dem Blick zu verlieren, während er im Café redet», wie Breton es vor Zeiten ahndete. Das Schicksal der *Lettres Françaises* war jedoch endgültig besiegelt. Mit dem Njet aus Moskau, dem fortschreitenden Alter und dem Verlust von Elsa hatte Aragon auch der kämpferische Furor verlassen. Die letzte Nummer der Zeitschrift erschien im Sommer 1972. Im gleichen Jahr widmete die Bibliothèque Nationale Elsa Triolet eine Ausstellung.

Aragon fand zu alten Gewohnheiten zurück – Rückbesinnung eines Junggebliebenen oder Grille eines Greises? Man erzählt sich, daß er mit wehendem Mantel und fliegender grauer Mähne durch Paris stromerte, auf der Suche nach Inspiration – und jungen Männern. Aragons homoerotische Ader war für die Kommunisten stets ein Tabu. Ein der Homosexualität verdächtiger Dichter paßte nicht in die Parteimoral; dieses Eingeständnis wäre dem Mythos des Paares abträglich gewesen, das als Elsa und Louis ewige Harmonie verkörperten. Als in den achtziger Jahren Bleistiftzeichnungen Aragons zutage befördert wurden, die seine einschlägigen sexuellen Phantasien deutlich bebilderten, gab es deshalb einen mittleren Skandal bei den orthodoxen Gralshütern.

1973 wurden Elsa Triolets frühe russische Texte, inzwischen ins Französische übersetzt, den «Œuvres Romanesques Croisées» beigefügt. Am Ende reihten sich zweiundvierzig Bände aneinander – ebenso viele, wie das Paar Lebensjahre miteinander verbracht hatte. Dichtung und Wahrheit der Vorworte sind eine Goldmine für die Biographen: Es ist dem Paar gelungen, aus ihrem Leben eine Legende zu machen. Die Inszenierung nahm kein Ende: Ein Abreißkalender in der Mühle von Saint-Arnoult blieb seit dem 16. Juni 1970 unberührt, als hätte für Aragon die Zeit seither stillgestanden.

Für den Hochbetagten stellte sich die Frage nach dem Erben. Seit einiger Zeit hatte er einen Sekretär, den jungen Schriftsteller Jean Ristat. Elsa hatte ihn eines Tages beiseite genommen: Er solle sich um Aragon kümmern, wenn sie nicht mehr sei – und Ristat ließ sich nicht lange bitten. Aragon verfügte, daß sämtliche Schriften und Habseligkeiten dem CNRS, dem Centre National des Recherches Scientifiques, übereignet werden sollten, um nicht in der «Gruft» zu verschwinden, wie Aragon die ehrwürdige Pariser Bibliothèque Nationale bezeichnete, und setzte Ristat als Erben ein. Wer heute nach Schriften des Paares sucht, findet sie gesondert von denen anderer Größen der französischen Literatur. In seinem Testament verfügte Aragon: «Ich vermache dem französischen Staat, gleich welcher Regierungsform er auch untersteht, den Besitz der Mühle, die Bücher, die Bibliotheken, die Einrichtung unter der Bedingung, daß es in eine Stiftung umgewandelt wird.» Damit hatte Aragon dem Staat ein Schnippchen geschlagen – eine Kulturnation wie Frankreich konnte dieses Erbe nicht ablehnen, konnte es jedoch auch nicht antreten, ohne dem umstrittenen Paar dadurch einen Tribut zu zollen. Querelen gab es bereits bei der Finanzierung. Drei Jahre wurde zwischen Regierung, KPF und Departementverwaltungen verhandelt, und nach zehn Jahren begann man endlich damit, die Mühle instand zu setzen.

Heute ist der Ort Museum und Forschungsstätte, wie Aragon es zu seinen Lebzeiten verfügte. Überall stehen Bücherregale, selbst aus Wäschetruhen quillt noch das eine oder andere Konvolut. Aus einem Wandschrank in der Diele, in dem man von Gästen vergessene Regenschirme vermuten könnte, stürzen dem Neugierigen, der die Tür öffnet, lauter schwarz-gelbe Bände der *série noire* entgegen. Die Lektüre der Krimis von Simenon zog Elsa Dostojewskijs Romanen schon lange vor. Krimis gehörten zu ihrer Lieblingslektüre, ebenso wie populäre französische Blätter: Hinter einer geblümten Tapetentür im Badezimmer stapeln sich die kompletten Jahrgänge von *Paris Match*. Eine Wendeltreppe aus Holz führt in den ersten Stock. Dort ist Elsas Bibliothek, vorwiegend russische Titel. Eine steile Stufenleiter führt durch eine Luke bis unters Dach: Dem Wißbegierigen öffnet sich hier nun ein Dorado, denn auf Wunsch des Paares entstand hier ein Forschungszentrum. In einem weiteren Raum türmen sich Zeitungen bis unter die Decke. Wer hier nach Büchern sucht, findet Lebensspuren: Widmungsexemplaren entfallen Grußkärtchen: «Alles Liebe, Euer Matisse.» – «Bis zum nächstenmal. Ich umarme Euch, Neruda.» Von Picasso zieren zwei mit Gesichtern bemalte Amphoren den Kaminsims, eine lachende, eine weinende. Hinter einer Reihe von Dostojewskij-Bänden versteckt sich der aschblonde falsche Zopf, mit dem Elsa so oft zu sehen war. An einem Regal hängt eine von Aragons ungezählten Krawatten. Elsas Schrankkoffer, der schon Tahiti gesehen hatte, steht noch immer im Speicher der Mühle. Der Park erinnert an eine Bilderbuchlandschaft mit frisch gestrichenen Bänken und hellen, begradigten Sandwegen, Holzbrückchen über die Remarde. Auf dem Doppelgrab oben auf dem Hügel, exklusiv und abgeschieden wie die nachgelassenen Manuskripte, kann man lesen: «Und wenn wir dann Seite an Seite nebeneinander ruhen, wird die Verbundenheit unserer Werke uns im Guten wie im Schlechten in einer Zukunft vereinen, die unser Traum und unsere größte Sorge war. So werden unsere vereinten Bücher, schwarz auf weiß, Hand in Hand, dem die Stirn bieten, was uns einander entreißen wird.» Aragon starb am 24. Dezember 1982, am Heiligabend, in der Wohnung in der Rue de Varenne.

«Sie hatte mich wegen der ihr vertrauten Stellen im ‹Bauern von Paris› kennenlernen wollen ...» In dem Moment, da sich Elsa Triolet und Louis Aragon trafen, hofften beide auf

Auf dem Doppelgrab oben auf dem Hügel, exklusiv und abgeschieden wie die nachgelassenen Manuskripte, steht zu lesen: «Und wenn wir dann Seite an Seite nebeneinander ruhen, wird die Verbundenheit unserer Werke uns im Guten wie im Schlechten in einer Zukunft vereinen, die unser Traum und unsere größte Sorge war. So werden unsere vereinten Bücher, schwarz auf weiß, Hand in Hand, dem die Stirn bieten, was uns einander entreißen wird.»

nichts so sehr und glaubten doch an nichts weniger als an die Liebe. Das Geheimnis dieses Paares liegt wohl in einer großen Nüchternheit, deren Not erst den gemeinsamen Mythos gebiert. Der wankelmütige Aragon fand Stabilität, indem er durch den Nebelschleier des Wahrlügens ein Idol erblickte; die schwermütige Elsa suchte – nicht ohne Bedacht – einen Platz in der Welt, mit einem Mann, der dieselbe Sprache sprach wie sie. Die Legendenbildung um das Paar ist nicht nur Teil eines ästhetisch-politischen Programms – sie ist auch wahrhaftiger Ausdruck der Liebe zweier Menschen, für die sich das Leben in Form von literarischen Geschichten intensiviert. «Als beider Liebe das Violett des Bewußtseins angenommen hatte und ihr Dauer verlieh, blieb das Rot des Deliriums eine Tönung ihrer Zwiesprache.»

Zahlreiche Gedichte Aragons wurden zu Chansons. «Epilogue» heißt eines, aber es scheint, als sei bei allen niedergeschriebenen Geschichten kein Ende der Geschichte in Sicht:

«Das Leben wird gewesen sein wie ein großes, trauriges
Schloß, durch das alle Winde fahren.
Durchzug schlägt die Türen zu und doch ist kein Zimmer
geschlossen.»

171

Literaturhinweise

Elsa Triolet und Louis Aragon wurden aus deutschen Übersetzungen zitiert, soweit diese vorhanden sind. Die übrigen Zitate sind von mir übersetzt und stammen aus den Œuvres Romanesques Croisées, erschienen ab 1964 bei Laffont, Paris, und den im folgenden aufgeführten Einzelausgaben. Die Gedichte von Aragon sind aus den Œuvres Poétiques, Livre Club Diderot, Paris 1982.

Werke von Louis Aragon
in französischen und deutschen Buchausgaben:
Projet d'histoire littéraire contemporaine. 1923. Hg. von Marc Dachy. Gallimard. Paris 1994. Erstveröffentlichung.
Lettres à Denise. 1923–1924. Présentées par Pierre Daix. Maurice Nadeau. Paris 1994. Erstveröffentlichung.
Le Libertinage oder die Ausschweifung. Zuerst 1925. Aus dem Französischen von Lydia Babilas. Suhrkamp. Frankfurt/M. 1979.
Das Wahr-Lügen. Zuerst 1980. Aus dem Französischen von Lydia Babilas. Fischer. Frankfurt/M. 1984.
Aurélien. Zuerst 1944. Aus dem Französischen von Lydia Babilas. Volk und Welt. Berlin 1986.
Die Viertel der Reichen. Zuerst 1936. Aus dem Französischen von Stephan Hermlin. Fischer. Frankfurt/M. 1986.
Die Glocken von Basel. Zuerst 1934. Aus dem Französischen von Alfred Kurella. Verlag der Nation. Berlin. 1953.
Pour expliquer ce que j'étais. Gallimard. Paris 1989.
Eine Traumwoge. Zuerst 1924. In: Barck, Karlheinz. Surrealismus in Paris 1919–1939. Reclam. Leipzig 1990.
Irène. Zuerst 1928. Aus dem Französischen von Ilse Walther-Dulk und Robert Weisert. Eichborn. Frankfurt/M. 1991.
Der Bauer von Paris. Zuerst 1926. Aus dem Französischen von Lydia Babilas. Suhrkamp. Frankfurt/M. 1996.

Werke von Elsa Triolet
in französischen und deutschen Buchausgaben:
Die Liebenden von Avignon. Zuerst 1943. Aus dem Französischen von Margarete Friedrich. Lancelot. Neuwied 1949.
Majakowskij. Zuerst 1957. Aufbau-Verlag. Berlin 1957.

Rosen auf Kredit. Zuerst 1959. Aus dem Französischen von Grete Steinböck. Zettner. Würzburg und Wien 1962.
Das Ende hat seinen Preis. Erzählungen aus der Résistance. Zuerst 1945. Aus dem Französischen von Else Bestian und Hans Bestian. Schwiftinger Galerie-Verlag. Schwifting 1983.
Das große Nimmermehr. Zuerst 1965. Aus dem Französischen von Guido Meister. Ullstein. Frankfurt/M. 1986.

Übersetzungen ins Französische
von Elsa Triolet:
Anton Tchékhov, Œuvres (Théâtre): La mouette. L'oncle Vania. Les trois sœurs. La cerisaie. Éditeurs Français Réunis. Paris 1954.
Vladimir Maïakovski, Vers et proses. Éditeurs Français Réunis. Paris 1957.
Elsa Triolet, La poésie russe. Seghers. Paris 1965.
Victor Chklovski, Capitaine Fédotov. Gallimard. Paris 1968.
Marina Tsvetaéva, Poèmes. Gallimard. Paris 1968.

Verwendete Poesie und Prosawerke
anderer Autoren:
Viktor Schklowskij, Zoo oder Briefe nicht über die Liebe. Suhrkamp. Frankfurt/M. 1965.
Wladimir Majakowskij, Das Gesamtwerk. Suhrkamp. Frankfurt/M. 1980.

Biographien, Porträts, Briefwechsel, Interviews:
Ilja Ehrenburg, Menschen, Jahre, Leben. Kindler. München 1962.
Aragon, Entretiens avec Francis Crémieux. Gallimard. Paris 1964.
Aragon parle avec Dominique Arban. Seghers. Paris 1968.
André Thirion, Révolutionnaires sans Révolution. Le Pré aux Clercs. Paris 1968.
Georges Sadoul, Aragon. Seghers (Poètes d'aujourd'hui). Paris 1969.
Vladimir Pozner, Vladimir Pozner se souvient de ... Julliard. Paris 1972.
Claude Roy, Nous. Gallimard. Paris 1972.
Elsa Triolet (Ausstellungskatalog). Bibliothèque Nationale. Paris 1972.
Daniel Wallard, Aragon. Un Portrait. Éditions Cercle d'Art. Paris 1979.
Clara Malraux, Das Geräusch meiner Schritte. Scherz. Bern und München 1982.
Man Ray, Selbstporträt. Schirmer/Mosel. München 1983.
Peggy Guggenheim, Ich habe alles gelebt. Bastei Lübbe. Bergisch Gladbach 1984.
Bengt Jangfeldt, Vladimir Mayakovsky. Love is the heart of everything. Correspondence between Vladimir Mayakovsky and Lili Brik 1915–1930. Polygon. Edinburgh 1986.

Philippe Soupault, Mémoires de l'Oubli. 1923–1926. Lachenal & Ritter. Paris 1986.

Claire Goll, Ich verzeihe keinem. Eine literarische Chronique Scandaleuse. Rütten & Loening. Berlin 1987.

Axel Madsen, Jean-Paul Sartre und Simone de Beauvoir. Die Geschichte einer ungewöhnlichen Liebe. Rowohlt. Reinbek 1987.

Louis Aragon, Pour expliquer ce que j'étais. Gallimard. Paris 1989.

Lachlan Mackinnon, The Lives of Elsa Triolet. Chatto and Windus. London 1992.

Lilja Brik, Schreib Verse für mich. Erinnerungen an Majakowskij. dtv. München 1993.

Georg Stefan Troller, Personenbeschreibung. dtv. München 1993.

Pierre Daix, Aragon. Flammarion. Paris 1994.

Dominique Desanti, Elsa & Aragon. Le couple ambigu. Belfond. Paris 1994.

Wladimir Fédorovski und Gonzague Saint Bris, Les Egéries russes. Lattès. Paris 1994.

Bernard Leuillot (Hg.), Elsa Triolet – Louis Aragon – Jean Paulhan. Correspondance 1920–1964. Gallimard. Paris 1994.

Lili Marcou, Elsa Triolet. Les Yeux et la Mémoire. Plon. Paris 1994.

Unda Hörner, Die realen Frauen der Surrealisten. Bollmann. Mannheim 1996.

François Taillandier, Aragon 1897–1982. «Quel est celui qu'on prend pour moi?». Fayard. Paris 1997.

Dissertationen:

Marianne Delranc-Gaudric, D'Elsa Triolet à Elsa Triolet. Les quatre premiers romans d'Elsa Triolet et le passage du russe au français. Institut national des langues et civilisations orientales. Centre de poétique comparée. Dissertation. Paris 1991.

Unda Hörner, Das Romanwerk Elsa Triolets. Im Spannungsfeld von Avantgarde und Sozialistischem Realismus. Die Blaue Eule. Dissertation. Essen 1993.

Renate Lance-Otterbein, Dans ce Château magique du dire et du taire ... Création et Crise chez Aragon. Dissertation. Paris 1996.

Bücher zu Surrealismus und russischer Avantgarde:

Wladimir Majakowskij, Wie macht man Verse. Volk und Welt. Berlin 1949.

Matthew Josephson, Life among the Surrealists. Rinehart & Winston. New York 1962.

Salvador Dalí, Gesammelte Schriften. Rogner & Bernhard. München 1974.

La Révolution surréaliste. Reprint. Jean-Michel Place. Paris 1975.

Roman Jakobson, Russie, folie, poésie. Seuil. Paris 1986.

174

Karlheinz Barck, Surrealismus in Paris 1919–1939. Reclam. Leipzig 1990.

Pierre Daix, La vie quotidienne des Surréalistes 1917–1932. Hachette. Paris 1993.

José Pierre (Hg.), Recherchen im Reich der Sinne. Die zwölf Gespräche der Surrealisten über Sexualität 1928–1932. C. H. Beck. München 1993.

André Breton, Entretiens – Gespräche. Dada, Surrealismus, Politik. Verlag der Kunst. Amsterdam 1996.

Bücher zum zeitgeschichtlichen Hintergrund:

Herbert R. Lottman, La Rive gauche. Du Front populaire à la guerre froide. Seuil. Paris 1981.

Klaus Mann, Jugend und Radikalismus. Aufsätze. dtv. München 1981.

Akademie der Wissenschaften der DDR (Hg.). Paris 1935. Erster Internationaler Schriftstellerkongreß zur Verteidigung der Kultur. Reden und Dokumente. Akademie-Verlag. Berlin 1982.

Klaus Kändler, Helga Karolewski und Ilse Siebert (Hg.), Berliner Begegnungen. Ausländische Künstler in Berlin 1918–1933. Aufsätze – Bilder – Dokumente. Dietz (Veröffentlichungen der Nationalen Forschungs- und Gedenkstätten der DDR). Berlin 1987.

Fritz Mierau (Hg.), Russen in Berlin. Quadriga. Berlin und Weinheim 1987.

Billy Klüver und Julie Martin, Kiki's Paris. Artists and Lovers 1900–1930. Harry N. Abrams. New York 1989.

Irene Selle (Hg.), Frankreich meines Herzens. Die Résistance in Gedicht und Essay. Reclam. Leipzig 1987.

Marguerite Duras, Die grünen Augen. dtv. München 1990.

Klaus Siebenhaar (Hg.), Carl Einstein. Prophet der Avantgarde. Fannei & Walz. Berlin 1991.

Varian Fry, Auslieferung auf Verlangen. Fischer. Frankfurt/M. 1995.

Chansons

Le chemin des oiseaux. Poèmes d'Elsa Triolet et d'Aragon. Gesungen von Hélène Martin. Kommentiert von Elsa Triolet. Disques du Cavalier.

Jeanne Moreau. 1988. Polygram. Chansons nach Zitaten Elsa Triolets. Kompositionen von Guillevic.

Jean Ferrat. Vol. 2. Chansons nach Gedichten von Louis Aragon. Polygram. Master Serie.

Ferrat 95. Nouveaux poèmes d'Aragon. Disques Temey.

Bravo à Barbara. 23 titres originaux. (Darauf: Il n'y a pas d'amour heureux.) CBS.

Bildnachweis

Fonds Elsa Triolet & Aragon, Paris S. 9, 45, 48, 81, 125, 171
Aus: *Elsa Triolet et Aragon*. Europe, Nr. 454–455, Februar/März
1967, S. 18
Man Ray S. 26, 65
Man Ray. Aus: Anne Chisholm, *Nancy Cunard*. Knopf. New York
1979, S. 35
Aus: Wladimir Majakowskij. Die Wirbelsäulenflöte. Insel. Frank-
furt/M. 1971, S. 42
Roger-Viollet, Paris S. 89, 137, 146, 157
Aus: Lili Marcou. Elsa Triolet. Les yeux et la Mémoire. Plon. Paris
1994, S. 122
Aus: Dominique Desanti. Elsa & Aragon. Le couple ambigu. Bel-
fond. Paris 1994, S. 128
Roger-Viollet. Aus: Dominqiue Desanti. Elsa & Aragon. Le couple
ambigu. Belfond. Paris 1994, S. 137
© SPADEM. Aus: Lili Marcou. Elsa Triolet. Les yeux et la Mémoire.
Plon. Paris 1994, S. 141
V. V. Katanian. Aus: *Faites entrer l'infini*. Nr. 2, Sept. 1986, S. 149
Robert Doisneau. Aus: Bersani u. a. La Littérature en France de 1945
à 1968. Bordas. Paris 1982, S. 155
© für die Photographien von Man Ray: Man Ray Trust, Paris/VG
Bild-Kunst, Bonn 1997
Inhaber von Bildrechten, die nicht ermittelt werden konnten, bitten
wir, sich beim Verlag zu melden.

Danksagung

Ein weiteres Mal konnte ich auf die Bestände des Fonds Elsa Triolet
& Aragon in Paris zurückgreifen. Hier unterstützten die Arbeit vor
allem Renate Lance-Otterbein, Danielle Maïsetti und Jean Ristat.
Unterstützung unterschiedlichster Art fand ich bei Marie Bonillo,
Marc Dachy, Susanne Ditschler, Heiko Dupke, Carsten Fedderke,
Magdalena Heine, Lothar Jadzinski, Renate Lance, Helmut
Merschmann, Jens Rosteck und Karl-Heinz Steinle.
Die zuverlässige Recherche der Photographien besorgte Elke
Andreas-Möller.

Ihnen allen sei herzlich gedankt.